第2版 事例に学ぶ

決算分析の勘所

―法人取引担当者のための決算書読解・資金分析術―

公認会計士 井口秀昭 [著]

一般社団法人 **金融財政事情研究会**

第2版のはしがき

　本書の初版発行は2009年5月であり、それから10年以上の時を重ねました。当時から、銀行をめぐる環境は厳しいものでした。厳しさの主因は貸出需要の減退と、世界的金利低下傾向、及びそれに追い打ちをかける日銀の金融政策にあったのですが、その状況は、時を経るに従い、いっそう苛烈さを強めています。昨今では、それに加え、フィンテックの進化や暗号資産（仮想通貨）の拡大など、新しい競争相手も出現し、銀行の苦境はより深まっている状況です。

　そうしたなかで、銀行が生き残るためには、法人取引先の的確な事業性評価、とりわけ融資先企業の実態把握がいっそう必要になっています。そのためには、決算書の正確な分析が求められます。銀行発足以来、決算書の知識は銀行員にとって、不可欠のものでした。競争環境がどう厳しくなろうとも、それは変わらないと筆者は思っています。

　本書は銀行員が決算分析を行う際のポイントを理解してもらうことを目的に執筆しました。初版において多くの読者の方のご支援をいただき、今般改訂を行うことになりました。第2版の発行にあたり、以下の点について加除修正を行いました。

○連結決算の追加…昨今、M&A（合併、買収）が増加するに伴い、上場会社は言うに及ばず、非上場会社でも連結決算を作成する会社が増加してきています。そこで、第1章において、連結決算の概略を説明し、第2章の決算分析でも、連結決算の項を追加しました。

○粉飾決算の修正…粉飾決算への対応も銀行員にとっては不可欠の事項です。そこで、粉飾決算の説明をよりわかりやすくしました。

○資金運用表の削除…以前は、資金運用表の作成は融資担当者にとって大切なことでしたが、その役割はキャッシュフロー計算書で代替できるようになってきました。そこで、資金運用表の説明は削除しました。

上記の見直しで、銀行員向けに、より有用な書籍になっていると自負しています。本書が厳しい金融環境を生き抜く銀行員にとって、少しでも役に立つことを心から願っています。

　改訂版の出版に際しては、株式会社きんざいの谷川治生氏に大変お世話になりました。厚くお礼を申し上げます。

2021年4月

井口　秀昭

初版のはしがき

　企業融資はいつの時代も変わらない銀行の基幹業務です。筆者は銀行の企業融資には二つの大きな役割があると思っています。一つは預金者から預かった預金を企業に貸し出すことにより、預金者に確実に元利金を還元できるようにすることであり、もう一つは取引先の成長を手助けすることです。どちらも欠かすことのできない融資の役割です。この役割を達成するためには企業内容がよくわかっていなければなりません。企業内容を把握できていなければ、返済能力のない企業に融資を行い貸出金が焦げ付いてしまいますし、取引先の成長のための適切な融資も助言もできません。融資の二つの役割は表面上異なっているようにみえますが、企業内容の正確な把握が必要という点でつながっています。企業内容は決算書に最もよく表現されていますから、決算書を十分に理解することが企業融資の大前提です。

　本書は銀行の融資担当者に必要な決算分析手法を解説することを目的としています。本書は以下のような特色を有しています。

① 　決算分析というとテクニカルな数値や解説が多くなりがちです。しかし、本書では読者の決算書の本質的理解というところに重点を置いています。なぜそうなるのかということをわかりやすく解説しています。

② 　決算分析はやや近寄りにくいところがありますが、各項目の冒頭に掲げた事例は融資の現場で直面しそうなものであり、決算分析についての読者の理解の手助けになると思います。

③ 　筆者の銀行での融資の体験をふまえ、融資では資金の流れを把握することが重要だとの認識から、資金繰りを含めた資金分析を詳しく説明しています。

　昨今の経済情勢は大変厳しく、経営環境は楽観できません。企業の優劣はより鮮明になっていきますから、企業融資において決算分析の重要性はます

ます高まっていくことは間違いありません。読者の皆さんが銀行にも取引先にも役に立つ融資ができるようになることを願って、本書を執筆しました。

　また、本書は第一義的に融資を行う銀行員を想定して執筆していますが、事業会社においても取引先に対して信用供与を行うときには同様の判断が求められますから、銀行員以外の人たちにとっても本書は有用であることを申し添えておきます。

　本書の出版に際しては、企画段階から金融財政事情研究会の平野正樹氏に一方ならぬお世話になりました。厚くお礼を申し上げます。

2009年3月

井口　秀昭

目　次

第 1 章
決算書の概要

第 2 章

決 算 分 析

第 1 章

決算書の概要

決算書の重要性

〈事例1〉 決算書がなぜ必要か

> 新入行員：会社に資金を融資するときは決算書を読めなければいけない
> と教えられたのですが、それはなぜですか。
>
> 先輩行員：決算書は会社の内容を表現する最も重要な書類だ。会社がよ
> いか悪いかは決算書をベースに判断していくことになる。
>
> 新入行員：でも、決算書って、会社の経営者が自分でつくったものです
> よね。会社から提出された書類を全面的に信用する形で判断し
> てもかまわないのですか。
>
> 先輩行員：それは実に本質的な問題だね。会社から提出された決算書は
> 鵜呑みにするのではなく、融資する銀行員自身で内容を判断し
> なければならない。そのためには決算書の成立ちや基本的構造
> をしっかり理解しておく必要があるんだ。

(1) 会社の経営状況の説明

　最初に事業を行うときは個人で行います。事業では相手方と取引を行いますが、そこには必ずカネの貸し借り、つまり信用が必要になります。取引の相手方が信用できるかどうかが事業運営上のポイントになります。その点、

個人で事業を行っている場合は、個人が信用できるかどうかをみればよいのですから、日常生活の延長線上で判断可能です。

　しかし、事業が拡大するにつれ個人での事業展開には以下のような不都合が生じてきます。まず、事業規模が拡大するにつれ大きな資金が必要になりますが、個人が一人で大きな資金の調達を行うことには限界が出てきます。次に、個人は事業を行うと同時に生活も行っていますから、事業と生活との境界があいまいになります。事業を行っている個人にカネを貸した人は、貸した個人からカネを回収しなければなりませんが、個人の場合、事業と生活が不分明に連続していますから、その取立ては事業の領分を踏み越えて生活のレベルにまで侵入してきます。その結果、事業に失敗した個人は最低限の生活さえ危ぶまれることもあります。また、個人は生物学的な死が不可避ですから、個人が死ねば事業の継続が困難になってしまいます。事業には従業員や取引先などの関係者が存在していますから、事業主である個人が死んでも事業は継続してもらわなければ困ります。

　そこで、個人が出資という形でカネを出し合い、個人の生活とは切り離された経済活動のみを行う会社という器が用意されました。会社は経済活動しか行いませんから、会社と取引をする人たちも徹底的に経済合理性を追求できます。会社は経済活動を行うには大変便利なものですが、個人とは違い信用状態の判断は日常生活の延長線上ではできません。個人の信用状態の判断であれば、個人の経済的状況に加え、その個人が人として信頼できるかどうかという人格も重要な要素になります。しかし、会社には人格はありません。経済状況がすべてです。そのため、経済状況が個人レベルより詳しくわかる資料が必要になります。その説明書が決算書なのです。

　会社にはさまざまな利害関係者が存在します。利害関係者との取引を通して会社は発展・成長していきます。利害関係者には、出資者である株主を筆頭に、その会社で働く従業員や、会社が製品やサービスを販売する得意先（お客様）、商品を購入する仕入先、資金を借り入れる銀行、そして会社から税金を徴収する税務当局なども含まれます。これらの利害関係者は取引をす

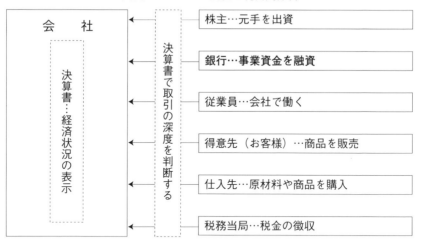

図表1−1−1　会社と利害関係者

会社

決算書…経済状況の表示

決算書で取引の深度を判断する

株主…元手を出資

銀行…事業資金を融資

従業員…会社で働く

得意先（お客様）…商品を販売

仕入先…原材料や商品を購入

税務当局…税金の徴収

るに際し、どこまでこの会社と深く取引できるかを判断しなければなりません。その判断のための最も重要な資料が決算書です（図表1−1−1）。

　銀行は資金を貸している債権者であり、会社は資金を借りている債務者です。銀行は債務者から契約どおりの元本と利息とを確実に回収しなければなりません。会社が約束どおり資金を払えるかどうかを判断するためには決算書が正確に読めなければなりません。決算書を読み解いて、会社に融資ができるかどうか、あるいは追加の融資が可能かどうか、また逆に早期の返済を迫らなければならないかを判断します。したがって、決算書は銀行員にとっての生命線といえます。

(2)　決算書の正確性の担保方法

a　上場会社とそれ以外の会社の違い

　決算書は会社の成績表です。銀行は成績表である決算書をみて、会社の内容を見極め融資の可否を判断します。決算書は取引先と銀行をつなぐ最も大切な架け橋だといえます。

　先ほど、決算書は会社の成績表だと述べました。しかし、決算書は学校の

成績表とまったく同じではありません。決算書と学校の成績表との最も違う点は、作成する人間がだれかという点です。学校の成績表は第三者である先生が生徒を評価してつくります。一方、決算書をつくるのは評価される会社、すなわち会社の経営者がつくります。決算書は自分の成績表を自らつくるのです。では、そうして作成された決算書の正確性はだれが担保しているのでしょうか。ここから、決算書は二つに分かれます。一つは決算書の正確性を第三者の専門家である会計監査人が保証している、主として上場会社において義務づけられる有価証券報告書であり、もう一つはそうした保証のない普通の決算書です。

　上場会社の株式は不特定多数の人が市場で売買できます。売買判断の基礎資料である決算書に嘘があれば、多くの国民に損害を与えることになります。そこで、決算書を中心とした会社内容を記載した有価証券報告書について、会計の専門家である公認会計士の監査を義務づけています。会計監査人の保証のついた有価証券報告書も決して万全とはいえないことはいうまでもありません。2011年に不正会計が発覚したオリンパス、2015年の東芝等にみられたように粉飾決算（有価証券報告書の虚偽記載）も発生します。ただ、銀行員として専門家の保証のついた有価証券報告書をもらって、それに基づいて会社の判断をしたとき、もしそこに粉飾があったとしても、判断の基礎となる書類の入手手続について誤りはありません。

　しかし、多くの中小企業が提出する決算書の正確性は第三者のだれも担保していません。決算書は会社自身が作成したものであり、経営者がどんなに善良でも、それを全面的に信ずることは危険です。「粉飾があるに違いないからそれを見破れ」といっているわけではありません。粉飾を外部の人間が見抜くのは簡単なことではありません。銀行員にそこまで期待するのは酷だと思います。ただ、銀行員は非上場会社の決算書をもらったときは、上場会社の有価証券報告書とは違い、相応の注意義務を要請されていると考えるべきです。決算書だけをもらい、それだけをみて融資を行い、粉飾であったことが明らかになったら、それは注意義務を十分果たしていないといわれても

しかたないでしょう。

　非上場会社の決算書の信頼性については次のように考えます。決算書の目的は二つあります。一つは経営成績の開示であり、もう一つは法人税法上の所得計算の基礎の作成です。経営成績の開示だけであるなら、経営者はできるだけ利益を多く出そうとするでしょう。しかし、決算書は必ず税務上の所得計算に結びつきます。所得計算を考えたら、利益は少ないにこしたことはありません。この両者のバランスが決算書を正しくつくらなければならないという経営者の誘因になります。その意味で非上場会社の決算書には必ず正規の税務申告書を添付してもらう必要があります。そして、決算書と税務申告書との関連数値の整合性を確認しておかなければなりません。

b　決算書と税務申告書との関係

　決算書と税務申告書との違いは第2章で詳しく説明しますが、ここでは、決算書の正確性の担保としての税務申告書という視点から、両者の関係性の概略を説明します。

　決算書をもらうとき、税務申告書をすべて添付してくれればそれにこしたことはありませんが、それが無理なら最低限、申告書の別表四および別表一だけは提出してもらわなければなりません。別表四は税務上の所得を計算するものです。そして、その出発点は確定した決算書の利益にしなければならないと法定されています。決算書で計算した利益をベースにして、会計と税務との相違点を修正して税務上の所得を計算します。別表一では別表四で計算した所得に税率を乗じて納付すべき法人税額を計算します。そこで計算した法人税額に住民税と事業税とを加えたものが決算書における損益計算書の「法人税、住民税及び事業税」と貸借対照表の「未払法人税等」に戻ってくるのです。決算書と税務申告書の別表四・別表一との関係を整理すると、図表1-1-2のようになります。

　申告書の別表一と決算書との関係は、決算書には法人税以外の税金が含まれていることや会計処理の方法が会社によって違うことから、機械的にその関連性を確定することはできませんので、実際に決算書と申告書をもらった

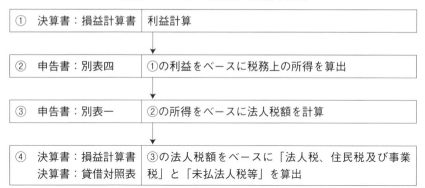

図表1－1－2　決算書と税務申告書

①	決算書：損益計算書	利益計算
②	申告書：別表四	①の利益をベースに税務上の所得を算出
③	申告書：別表一	②の所得をベースに法人税額を計算
④	決算書：損益計算書 決算書：貸借対照表	③の法人税額をベースに「法人税、住民税及び事業税」と「未払法人税等」を算出

段階で各自検証してください。

　いずれにしても、決算書と税務申告書との関係は決算書の利益を出発点にして申告書を通り、また決算書に戻るという構図になっていることをよく理解しておかなければなりません。そのうえで、両者の相互関連性を確認しておくことは銀行員の最低限の義務といえます。

〈事例2〉　決算書類の相互関係

先輩行員：上場会社の決算書は貸借対照表、損益計算書、株主資本等変動計算書、キャッシュフロー計算書の四つの計算書から構成される（図表1－1－3、1－1－4、1－1－5、1－1－6）。非上場会社はキャッシュフロー計算書の作成は義務づけられていないから、貸借対照表、損益計算書、株主資本等変動計算書の三つになる。これらの計算書がどういうことを表示しているかわかるかな。

新入行員：貸借対照表は期末時点の財産状態を、損益計算書は期中の損益状況を、株主資本等変動計算書は株主資本の変動状況を、キャッシュフロー計算書は期中のキャッシュの動きを表示して

いるという教科書的説明はわかるのですが、これら四つの書類がどのように関連しているかがよくわかりません。

先輩行員：そうだね。計算書の相互の関係性を正確に理解しないと、決算書を本当に理解することはできない。四つの計算書のうちの中心となるのは貸借対照表だ。貸借対照表と他の3表との違いはなんだかわかるかな。

新入行員：貸借対照表は期末残高を表示しているのに対し、他の3表は期中の動きを説明しているフローの計算書ということですか。

先輩行員：そのとおり。損益計算書、株主資本等変動計算書、キャッシュフロー計算書の3表は貸借対照表の前期末から当期末にかけての残高の動きを説明するものと理解すればよい。貸借対照表でいちばん重要なのは株主財産を表示する自己資本だ。自己資本の動きを説明するのが株主資本等変動計算書で、そのなか

図表1－1－3　A社の貸借対照表

	前期	当期			前期	当期
Ⅰ　流動資産	1,320	1,440	Ⅰ　流動負債		1,320	1,410
現金預金	310	330	支払手形		300	310
受取手形	300	350	買掛金		400	420
売掛金	430	400	短期借入金		300	320
有価証券	100	100	未払費用		70	80
棚卸資産	160	230	未払法人税等		50	60
その他流動資産	60	80	その他流動負債		200	220
貸倒引当金	△40	△50	Ⅱ　固定負債		700	770
Ⅱ　固定資産	1,120	1,220	長期借入金		500	550
建物・構築物	400	440	退職給付引当金		200	220
機械装置	200	250	〈負債合計〉		〈2,020〉	〈2,180〉
車両運搬具	40	50	Ⅰ　株主資本		420	480
土地	300	300	資本金		200	200
無形固定資産	30	30	資本剰余金		100	100
投資その他の資産	150	150	利益剰余金		120	180
			（うち繰越利益剰余金）		(120)	(180)
			〈純資産合計〉		〈420〉	〈480〉
〈資産合計〉	〈2,440〉	〈2,660〉	〈負債・純資産合計〉		〈2,440〉	〈2,660〉

で最も重要なのは期中の事業成績だから、それを表示するのが
損益計算書ということになる。貸借対照表のなかで次に重要な
のはキャッシュの動きだから、それを説明するものとして
キャッシュフロー計算書が存在するという構造になっている。

図表1－1－4　A社の損益計算書

	前期	当期
売上高	5,400	6,000
売上原価	4,000	4,500
（減価償却費）	(130)	(150)
売上総利益	1,400	1,500
販売費及び一般管理費	1,200	1,200
（減価償却費）	(40)	(50)
営業利益	200	300
営業外収益	20	30
営業外費用	60	70
経常利益	160	260
特別利益	30	40
特別損失	80	130
税引前当期純利益	110	170
法人税等	50	80
当期純利益	60	90

図表1－1－5　A社の株主資本等変動計算書

		前期	当期
期首繰越利益剰余金		90	120
当期変動額	当期純利益	60	90
	配当金	△30	△30
期末繰越利益剰余金		120	180

図表1－1－6　A社のキャッシュフロー計算書

	前期	当期
Ⅰ　営業活動によるキャッシュフロー		
税引前当期純利益	110	170
減価償却費	170	200
貸倒引当金の増加額	20	10
退職給付引当金の増加額	10	20
売上債権の増減額	△30	△20
棚卸資産の増減額	△40	△70
仕入債務の増減額	50	30
その他の流動資産の増減額	20	△20
未払費用の増減額	10	10
その他の流動負債の増減額	10	20
小　　計	330	350
法人税等の支払額	△50	△70
〈営業活動によるキャッシュフロー〉	280	280
Ⅱ　投資活動によるキャッシュフロー		
有形固定資産の取得による支出	△250	△300
有形固定資産の売却による収入	100	0
〈投資活動によるキャッシュフロー〉	△150	△300
Ⅲ　財務活動によるキャッシュフロー		
短期借入による収入	200	320
短期借入金の返済による支出	△200	△300
長期借入による収入	100	250
長期借入金の返済による支出	△250	△200
配当金の支払額	△30	△30
〈財務活動によるキャッシュフロー〉	△180	40
現金及び現金同等物の増減額	△50	20
現金及び現金同等物の期首残高	360	310
現金及び現金同等物の期末残高	310	330

(1)　上場会社と非上場会社

　決算書の構成は、会社法だけが適用される非上場会社と会社法だけでなく

金融商品取引法の適用も受ける上場会社とでは異なります。すべての会社に適用される会社法では決算書として貸借対照表、損益計算書、株主資本等変動計算書の作成が法定されています。したがって、すべての会社は最低限この三つの計算書は作成しなければなりません。これに対し、上場会社を中心とする有価証券報告書提出会社は、上記3表に加え、キャッシュフロー計算書の作成と開示をしなければなりません。これは会社の内容を正確に把握するためには、キャッシュの動きを理解することが不可欠だということから金融商品取引法に定められた規定です。ここではキャッシュフロー計算書を含めた4表がどのように相互に関連しているかを解説していきます。決算書の相互関連性をつかんでおくことは、決算書を正しく分析するための基礎となります。

(2) 財務4表

決算書とは会社の財政状態や経営成績を株主や債権者等の利害関係者に報告する書類です。決算書は以下の4種類から構成されます（図表1−1−7）。

① 損益計算書（P/L）

　損益計算書とは期間中（1年間）にどれだか儲けたかを表示する計算書です。1年間にどれだけ収益があり、その収益をあげるためにどれだけの費用がかかり、その結果としていくらの利益があったかを示します。

② 貸借対照表（B/S）

　貸借対照表は決算期末時点の株主財産（純資産）の内容を表示します。期末時点で会社の資産がどれくらいあり、それに対し負債がどれくらいあり、その結果として資産と負債との差額である株主の財産としての純資産（自己資本……純資産と自己資本の関係については後述します）の金額を示します。

③ 株主資本等変動計算書

　決算書の主たる目的は株主に対して株主財産を報告することです。株

損益計算書……稼ぐ力を表示
貸借対照表……期末時点の資産、負債、純資産の内容を表示
株主資本等変動計算書……株主資本の動きを表示
キャッシュフロー計算書……キャッシュの動きを表示

　主財産は貸借対照表の純資産（自己資本）をみればわかりますが、それは期末だけの結果にすぎません。株主の財産である純資産が期中どのように動いて貸借対照表の期末残高になったかを示すものが株主資本等変動計算書です。

④　キャッシュフロー計算書（C/F）

　　キャッシュは企業活動にとってきわめて重要です。しかし、事業を継続している企業においてキャッシュと利益とは一致しません。利益は損益計算書をみればわかりますが、損益計算書ではキャッシュの動きはわかりません。期中、キャッシュをどのように獲得し、何に使い、その結果としてキャッシュ残高がどうなったかを示す計算書が必要になります。それがキャッシュフロー計算書です。

　この四つの書類を財務４表といいます（上場会社において財務３表というときは株主資本等変動計算書を除いた、損益計算書、貸借対照表、キャッシュフロー計算書をいいます）。この四つの書類を理解することにより、会社の全体像を把握することができます。ただ、その理解のためには財務４表がどのように関連しているかを正確につかんでおかなければなりません。ここでは財務４表の相互関係について説明します。

(3)　損益計算書と貸借対照表の関係

　決算書の中心は損益計算書及び貸借対照表です。まず、この両者の関係を整理します。

　株主は自分の財産をより増加させることを目的に、個人のカネを出資して

会社をつくります。会社の財産は終局的にはオーナーである株主の財産になります。会社財産が増加すれば、株主財産は増加します。株主は会社が事業活動を行うことで自分が出資した財産がより大きくなることを期待して、会社の経営を専門経営者に任せます。つまり、会社の経営者は株主から財産を預かり、増加させることを託されているわけです。

　経営者が株主から最初に預かった財産を1年間にどれだけ増やした（もしくは減らした）かを表示するのが、決算書の最大の目的です。貸借対照表は株主財産の結果を表現します。貸借対照表において、資産から負債を引いたものが株主財産としての純資産（自己資本）です。したがって、期首の貸借対照表と期末の貸借対照表とを比較すれば、純資産の結果としての増減額はわかります。しかし、報告を受ける株主としては結果だけでは満足できません。なぜ増えたか、なぜ減ったかの結果に至る過程が重要です。それを説明するのが損益計算書です。

　損益計算書は事業成績の結果です。「1年間事業を行った結果、収益がこれだけあり、その収益を得るために費用をこれだけ使い、その差額としての利益がこれだけでした」という報告です。その利益が会社の事業活動の結果としての儲けです。原則的に損益計算書の最終の経営成績である当期純利益分だけ貸借対照表の純資産が増加します。純資産の詳細な増減要因については株主資本等変動計算書のところで説明しますが、増減要因の主たるものは当期純利益です。

　貸借対照表は期末現在の財産の状態、つまりストックの状態を示しています。損益計算書は当期首（前期末）から当期末までの営業成績つまりフローの累積の数値です。当期の損益計算書は前期の貸借対照表と当期の貸借対照表とをつなぐ役割を負っています。つまり、「前期末（＝当期首）の貸借対照表を出発点として当期の事業活動を行ったところ、当期は損益計算書の示すような成績になり、このような利益を収め、当期末の貸借対照表はこのようになりました。その結果、期首に株主から預かった株主財産は当期純利益分だけ増加し、期末の貸借対照表のようになりました」ということをいって

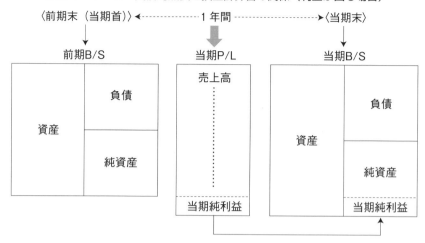

図表１−１−８　貸借対照表と損益計算書の関係（利益が出る場合）

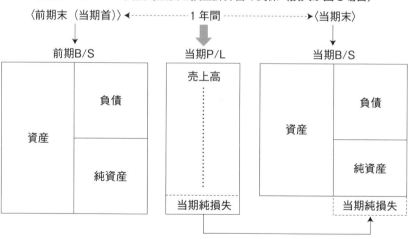

図表１−１−９　貸借対照表と損益計算書の関係（損失が出る場合）

いるわけです（図表１−１−８）。

　逆に損益計算書で損失が出ると、期末の純資産は期首より減少してしまいます（図表１−１−９）。

⑷　株主資本等変動計算書と損益計算書、貸借対照表の関係

　会社のオーナーである株主は株主財産の動向に最大の関心があり、株主財産の結果を貸借対照表の純資産が表示し、その増減要因を損益計算書が説明していると述べました。純資産が変動する最も重要な要因が、期中の事業活動の結果としての損益計算書の当期純利益であることは間違いないのですが、純資産は当期純利益だけでなく、それ以外の理由でも変動します。株主としては自分の財産がどうして増えたか、あるいは減ったか、より詳しい内容を知らなければなりません。株主財産の変動要因を完全に説明する計算書が株主資本等変動計算書です。

　純資産の内容については後ほど詳しく説明しますが、その発生原因に応じて純資産は株主資本、評価・換算差額等、新株予約権（連結であれば、さらに非支配株主持分）に分類されています。同じ純資産といってもその性格は異なります。株主資本等変動計算書は純資産の分類ごとに、増減要因を説明します。

　たとえば、損益計算書で当期純利益が発生すれば株主資本が増加しますし、増資によっても株主資本は増えます。逆に、株主に対して配当を行えば株主資本は減少します。有価証券に評価益があれば評価・換算差額等がプラスとして、評価損になればマイナスとして表示されます。ストック・オプションを発行すれば新株予約権が増加します。

　先ほど、損益計算書の当期純利益は貸借対照表の純資産の増加に直接つながる図表を掲示しました（図表1－1－8）。純資産変動の最大の要因は損益計算書の当期純利益ですから、貸借対照表及び損益計算書だけを考える場合には、概念的にはこのように理解していただいてかまいません。しかし、実際の決算書では貸借対照表と損益計算書とが損益計算書の当期純利益を媒介として直結しているわけではありません。両者の間に株主資本等変動計算書が介在するのです（図表1－1－10）。株主資本等変動計算書は純資産の前期末残高を最上段に、当期末残高を最下段に表示しますから、それは前期末の

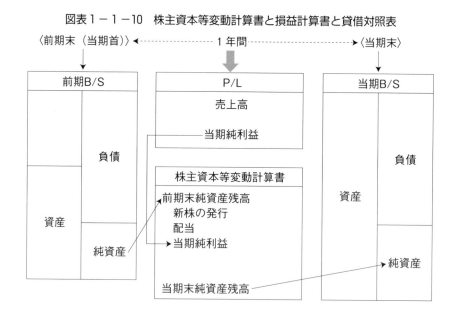

図表１－１－10　株主資本等変動計算書と損益計算書と貸借対照表

〈前期末（当期首）〉◀‑‑‑‑‑‑‑‑‑‑‑‑‑‑‑１年間‑‑‑‑‑‑‑‑‑‑‑‑‑▶〈当期末〉

貸借対照表と当期末の貸借対照表の純資産残高と一致します。純資産残高が前期末から当期末に変動する要因は前述したようにいろいろあるのですが、その一つに当期の事業成績としての損益計算書の当期純利益があります。株主資本等変動計算書からみれば、当期純利益は純資産の変動要因の一つにすぎません。ただ、変動要因の一つではありますが、変動要因のなかで最も重要性が高い当期純利益を詳しく説明するものとして損益計算書が存在します。

(5)　キャッシュフロー計算書と損益計算書、貸借対照表の関係

　次はキャッシュフロー計算書と他の計算書との関係です。

　株主にとって最も重要な情報は株主財産の動向であり、それを表現するものとして、貸借対照表の純資産と純資産の最重要の変動要因である利益を説明するものとして損益計算書とがあると説明しました。しかし、会社を経営するうえにおいてもう一つ重要なものがあります。それはキャッシュです。

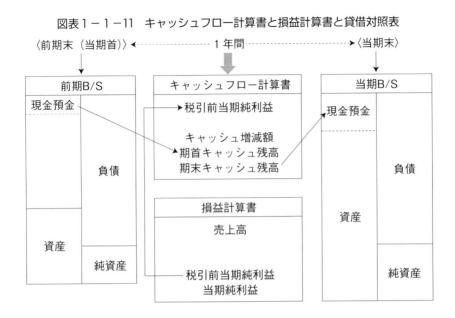

図表 1 - 1 -11　キャッシュフロー計算書と損益計算書と貸借対照表

会社の倒産とは、支払を約束していた債権者にキャッシュを支払えなくなる状態をいいます。どんなに利益をあげていてもキャッシュがなくなれば倒産してしまいます。また、キャッシュがなければ成長のための設備投資ができません。その意味で会社のキャッシュがどういう状況にあるかということは、株主・債権者等の利害関係者にとって非常に知りたい情報です。

　損益計算書、貸借対照表のなかでキャッシュが出てくるのは、貸借対照表の流動資産です。前期の貸借対照表をみれば前期のキャッシュ期末残高が、当期の貸借対照表をみれば当期のキャッシュ期末残高がわかります。たしかに残高は大切です。しかし、残高だけをみていてもキャッシュがなぜ増えたか、あるいは減ったかはわかりません。本当に重要なのは会社のキャッシュを生み出す能力であり、キャッシュを何に使い、過不足をどのように調整したかです。そのキャッシュの状況を説明するのがキャッシュフロー計算書です。

　キャッシュフロー計算書と貸借対照表、損益計算書の関係は図表 1 - 1 -

11のようになっています。キャッシュフロー計算書にはキャッシュの期首残高及び期末残高が表示されています。キャッシュ期首残高は前期貸借対照表の期末残高に、キャッシュ期末残高は当期貸借対照表の期末残高につながります（キャッシュフロー計算書におけるキャッシュ残高は貸借対照表の現金預金残高と厳密には一致しません。それは、貸借対照表では有価証券などに計上されているものもキャッシュフロー計算書ではキャッシュとしてカウントしているからです。しかし、キャッシュの主体は現金預金ですから、ここではほぼ両者は等しいと考えています）。キャッシュフロー計算書で最も重要な情報はキャッシュ創造能力です。キャッシュ創造能力のベースは事業成績の結果としての利益です。しかし、利益はキャッシュベースで計算されているわけではありませんので、利益とキャッシュとは一致しません。キャッシュフロー計算書では損益計算書の税引前当期純利益をベースにして、利益とキャッシュとの違いを調整して、当期のキャッシュ増加額を計算します。前期末（当期首）貸借対照表の現金預金残高にキャッシュフロー計算書で計算したキャッシュ増加額を加えたものが当期末の現金預金残高になります。

⑹　財務4表の相互関係

　いままで説明してきた財務4表全部の相互関係をまとめたのが図表1－1－12です。この図表をよくみて、損益計算書、貸借対照表、キャッシュフロー計算書、株主資本等変動計算書の関係と同時にそれぞれの特徴を把握してください。

　決算書は株主財産の報告が第一の目的ですから、貸借対照表の純資産の表示が重要です。貸借対照表は資産と負債との差額として純資産を表示します。ただ、貸借対照表は期末日時点の状況を表示しているだけですから、結果としての純資産の残高しかわかりません。そこで、純資産がどういう要因で変化したかを示すものとして株主資本等変動計算書があります。純資産の変動要因として最も重要なのは会社が営業活動により稼いだ利益ですから、それを説明するものとして損益計算書があります。また、会社が活動をして

図表 1 - 1 - 12　財務 4 表の相互関係

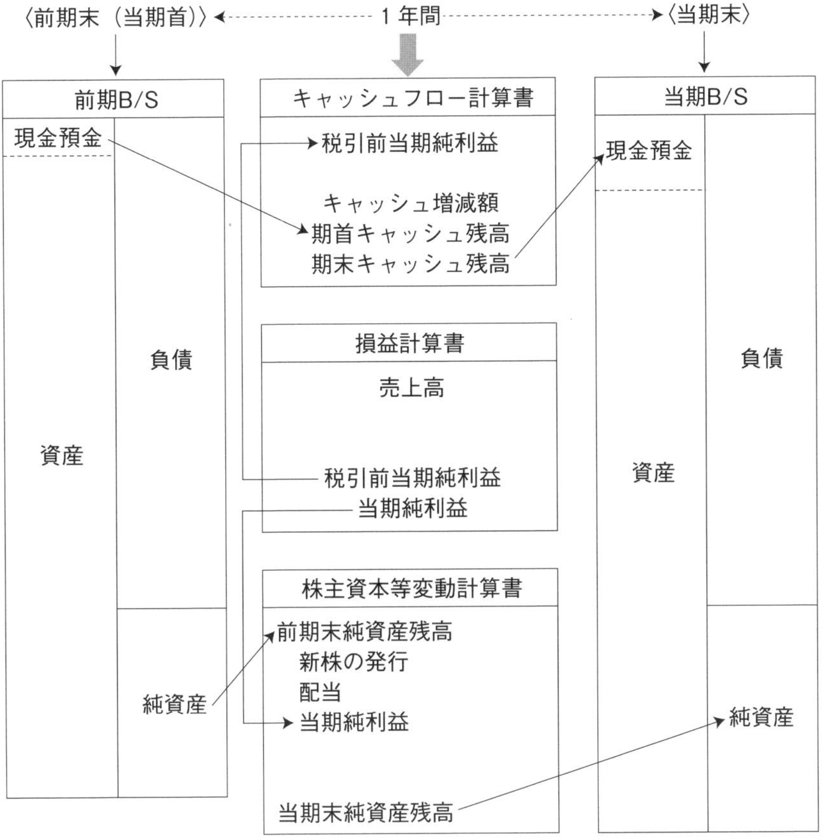

〈前期末（当期首）〉◄┄┄┄┄┄┄┄┄ 1 年間 ┄┄┄┄┄┄┄┄► 〈当期末〉

前期B/S	キャッシュフロー計算書	当期B/S
現金預金	→税引前当期純利益	現金預金
	キャッシュ増減額 期首キャッシュ残高 期末キャッシュ残高	
負債	損益計算書 売上高 税引前当期純利益 当期純利益	負債
資産		資産
純資産	株主資本等変動計算書 前期末純資産残高 新株の発行 配当 当期純利益 当期末純資産残高	純資産

いくうえでは、現金預金の存在が重要です。現金預金の増減の内容を表示するのがキャッシュフロー計算書です。キャッシュフロー計算書は損益計算書の税引前当期純利益を出発点に作成されます。

　貸借対照表は決算日現在における資産・負債・純資産の状況を表示するものです。そのなかの最重要項目である純資産およびキャッシュの動きを前期末と当期末とを比べて詳細に説明するものとして、株主資本等変動計算書、キャッシュフロー計算書があります。純資産およびキャッシュの変動要因の

最大のものは事業活動の結果としての利益であり、それを説明するものとして損益計算書があります。

　図表1－1－12をみるとわかるとおり、貸借対照表とその他の3表とは数値の意味合いがやや違います。貸借対照表は期末時点の残高を表現しています。それに対し、損益計算書、株主資本等変動計算書、キャッシュフロー計算書は期末の残高ではなく、決算期間である1年間のフローの累積額を表示しています。期末時点の資産・負債・純資産の残高である貸借対照表をベースにして、貸借対照表の最重要項目である純資産及びキャッシュの1年間の動きを説明するものとして、損益計算書、株主資本等変動計算書、キャッシュフロー計算書があると考えることができます。

貸借対照表の見方

〈事例3〉 資産と負債

新入行員：貸借対照表は左側が資産、右側が負債で、その差額が株主財産としての純資産ですね。資産は売却により現金に換価可能なものであり、負債は現金で返済すべきものですから、資産を全部売却して、負債を全額返済すれば、残った金額が株主に帰属する現金と考えることができます。B社（図表1－2－1）の当期でいえば、もし会社がここで解散すれば1,400が株主が手にできる現金ということになるんですよね。

先輩行員：決算書の素人に貸借対照表をわかってもらうということであれば、いまの説明で十分だろう。しかし、銀行員として貸借対照表を読み解こうとするなら、その理解では不十分だ。貸借対照表には現金にならない資産も載っている。たとえば、流動資産にある前払費用だ。前払費用は売って現金になる資産ではない。適正な期間損益計算のために計上されている資産だ。同様に負債にある前受収益もこれから支払わなければならない債務ではない。このように、資産・負債には現金としての収入や支出を伴わない項目がある。こうした項目を十分に理解しておくことが会社の実態や資金繰りを把握するときに非常に重要だ。

図表1−2−1　B社の貸借対照表

	前期	当期		前期	当期
Ⅰ　流動資産	2,780	2,960	Ⅰ　流動負債	2,420	2,600
現金預金	450	500	支払手形	600	640
受取手形	650	690	買掛金	800	830
売掛金	850	880	短期借入金	500	540
有価証券	130	130	前受収益	120	140
棚卸資産	620	670	未払法人税等	100	120
前払費用	50	60	その他流動負債	300	330
その他流動資産	100	120	Ⅱ　固定負債	1,600	1,510
貸倒引当金	△70	△90	長期借入金	1,100	980
Ⅱ　固定資産	2,470	2,550	退職給付引当金	500	530
建物・構築物	840	880	〈負債合計〉	〈4,020〉	〈4,110〉
機械装置	650	670	Ⅰ　株主資本	1,230	1,400
車両運搬具	300	320	資本金	600	600
土地	400	400	資本剰余金	300	300
無形固定資産	80	80	利益剰余金	330	500
投資その他の資産	200	200	〈純資産合計〉	〈1,230〉	〈1,400〉
〈資産合計〉	〈5,250〉	〈5,510〉	〈負債・純資産合計〉	〈5,250〉	〈5,510〉

新入行員：ほかに現金を伴わない項目で注意しなければならないもの
　　　　　に、どんなものがありますか。
先輩行員：減価償却費や引当金といった項目にも十分な注意が必要だ
　　　　　ね。

(1)　全体構造

　貸借対照表には資産・負債、そしてその差額としての純資産が表示されま
す。資産・負債というと、日常の感覚からすれば、資産は土地や有価証券の
ように売ればキャッシュにできるものが、負債は借入金などのキャッシュで
返済しなければいけない契約が頭に浮かびます。むろん、これらは資産・負
債の代表的なものであることは間違いありません。しかし、会計上の資産・
負債はそれにとどまらず、もう少し広い内容を包含しています。

図表1－2－2　貸借対照表

借方	（内容）	貸方	（内容）
資産	・売ればキャッシュになるもの ・損益の調整項目 ・資金をどのように使っているか ・将来の収益に貢献する財産	負債	・株主以外からの資金調達 ・借財 ・返済しなければならないもの ・損益の調整項目
		純資産	・株主の財産 ・返済不要の資金 ・資産－負債＞0……資産超過 ・資産－負債＜0……債務超過

　資産・負債には前払費用や前受収益といった科目も含まれます。それは損益計算書において、正確な損益計算をするためにキャッシュと損益とを調整するためのものです。損益計算の方法は経済情勢の変化により進化しており、繰延税金資産（負債）や新しい引当金などが誕生しています。こうした日常感覚と離れた勘定科目が決算書をわかりにくくさせている要因の一つになっています。ただ、損益の調整科目であるからこそ、会社の損益計算方法の特徴の把握や会社の将来の損益、そして資金繰りを見通すうえで役に立つともいえます。その意味で、決算書を理解するためのポイントともいえます。

　貸借対照表は複式簿記の原則に沿って左右対称に表示されます。左側（借方）には資産が表示されます。資産の代表はいうまでもなく現金です。個人であれば資産として現金を多くもつほど評価されます。それは個人が最終消費者として消費のみを行う主体だからです。しかし、会社は最終消費者の側面もありますが、それよりも今後収益をあげていかなければならない事業主体としての性格が強まります。現金を所有しているだけでは収益を生みませんから、現金をいろいろな収益を生む形に変えて所有しています。それが資産です。会社は最も効率的に収益を生ずるように資産を保有しなければなりません。資産とは資金をどのような形で運用しているかを示しており、将来

の収益に貢献する財産です。

　一方、右側（貸方）には負債及び純資産が表示され、資金の調達方法を示しています。負債は株主以外の会社外部の者から調達している借財です。会社外部の者からの調達ですから、返済しなければなりません。純資産は資産から負債を控除したもので、主に株主の財産になります。資産のほうが負債より多いのが普通の状態ですから、純資産は貸方になります。しかし、会社の状況が悪化して負債が資産を超えると債務超過になり、純資産は借方に出てきます（貸借対照表ではマイナスの純資産として表示されます）（図表１－２－２）。

⑵　資産の種類

　資産というと、普通の感覚では売却可能な財産を思い浮かべます。現金や預金のほかに不動産などがあります。一般の消費者の感覚からすればこのようなものが資産になりますが、会社は消費者ではなく事業を行っていますから、事業活動に伴って必然的に発生する資産もあります。たとえば、商品を販売しても販売代金はすぐに現金として入金するわけではありません。商品を販売すると得意先から現金を受け取る権利が発生します。それが売掛金や受取手形です。また、販売する商品はあらかじめ仕入れておかなければなりませんし、製造業であれば製品をつくるための原材料なども事前に購入しておかなければなりません。こうした販売するための製品や商品も資産であり、棚卸資産（在庫）と呼びます。

　こうしたものは売れば現金になり、資産としての実感がありますから、まだ理解しやすいものです。注意しなければならないのは、企業会計には、売ることもできないし、将来現金が入ってこない資産もあるということです。それは損益を適正に計算するための資産です。たとえば、保険料を10年間分前払いしたとします。会計の大切な役割は期間損益計算を適正に行うことですから、10年分の保険料全額を当期の費用とするわけにはいきません。１年分だけを当期の費用として、残りの９年分は来期以後の費用とするために当

図表１－２－３　資産の内容

資産
  - 将来、現金の入金が期待できる資産
    ……（現金）、売掛金、棚卸資産、有価証券、未収収益等
  - 将来、費用になる資産
    ……前払費用、減価償却資産、繰延資産、繰延税金資産等

期は前払費用という資産として費用を繰り延べます。そして、これから９年間にわたり資産から前払費用を取り崩しながら、損益計算書に費用として計上していきます。したがって、前払費用は資産ですが、売却したり現金が入ってきたりする性格のものではなく、将来費用となる資産です。こうした種類の資産は前払費用ばかりではありません。機械などの長期間使用される減価償却資産も同じ性格を有します。生産に使用するために機械を購入すると、現金は最初に支払います。この機械購入代金はいずれ費用になります。機械はこれから長期にわたり収益に貢献するのですから、全額を購入したときの費用にするわけにはいきません。機械の耐用年数に応じて、減価償却という形で費用になっていきます。こうした減価償却資産もこれから現金が入ってくる資産ではなく、適正な費用配分のための資産になります。

　つまり、資産には将来現金として回収できる資産と、現金が入ってくるのではなく将来の費用となるものとの２種類があることになります（図表１－２－３）。現金が入ってくる資産は、その資産のかわりに現金という違う資産が入ってくるだけですから、貸借対照表上の資産同士の交換で損益には影響を与えません。しかし、費用となる資産は、資産が消えると損益計算書の費用を発生させますから、将来の利益を悪化させる要因になります。資産をみるときに両者の違いをよく識別しておくことが重要です。

(3)　資産の流動性

　企業経営ではキャッシュが非常に重要です。事業成績がどんなに赤字であろうとキャッシュがあれば負債は払えますから、倒産することはありませ

ん。貸借対照表の資産をみるとき、キャッシュという観点でみることが大切です。つまり、資産がキャッシュになりやすい資産かどうかをみるのです（図表1-2-4）。

　資産の最初にある現金預金は文字どおりのキャッシュです。現金預金が多ければ、相当な苦難にも耐えられます。次に現金預金に近いものは流動資産にある有価証券です。流動資産にある有価証券というのはいつでも売れる有価証券です。固定資産に計上されている投資有価証券はいつでも売れるものとは限りません。子会社や関連会社、あるいは資本提携先の会社の株式であれば、自社の都合だけで売却できません。それに対し、流動資産にある有価証券は所有会社の意思だけで売却できますから、上場株式等の市場性のあるものであればキャッシュにきわめて近いものといえます。

　次にキャッシュに近いものは受取手形、売掛金、在庫などです。これらの資産は事業に伴って発生する事業性資産です。事業性資産は事業が順調に運営されている限り比較的短期間にキャッシュに変換していくと予想されます。事業性資産もキャッシュに近い順に識別しなければなりません。受取手形は手形期日に入金されるほか、銘柄に問題がなければ銀行で割り引いたり、裏書譲渡して決済に使えたりしますから、きわめてキャッシュに近いものです。売掛金も期日が来れば入金されますからキャッシュに近いといえます。

　これに対して在庫は、受取手形や売掛金とは違い入金期日が確定していません。製造業の原材料であれば、これから工場で生産を行い製品という在庫に変え、さらにそれを顧客に販売して売掛金にし、それからキャッシュになるのですから、かなりの時間がかかります。またいくらで売れるかもわからないのですから、キャッシュになる金額も確定していません。こうしたことから、在庫は事業性資産のなかではキャッシュから遠い資産といえます。また、これらの事業性資産は事業が順調であれば問題ないのですが、不調になると不良債権や不良在庫になり、キャッシュに永久に換わらないこともありますから、注意しなければなりません。

図表１－２－４　資産とキャッシュ

資　　産	キャッシュとの近さ
流動資産	
現金預金	キャッシュそのもの
受取手形	期日と金額が確定し、キャッシュに近い
売掛金	期日と金額が確定し、キャッシュに近い
棚卸資産	
製品	キャッシュになるには営業活動が必要
原材料	キャッシュになるには、製造、営業活動が必要
有価証券	ほとんどキャッシュ
固定資産	
建物	キャッシュから遠い
機械	キャッシュから遠い
土地	担保価値あり、キャッシュになりうる
投資有価証券	担保価値あり、キャッシュになりうる

　固定資産はキャッシュになりにくい資産です。ただ、上場有価証券や土地などは資産価値があり汎用性が高い資産ですから、キャッシュになりやすく担保価値もあります。それに対し、建物や機械は所有者が変わればほとんど価値をもたなくなるのが普通ですから、なかなか額面どおりでは売りにくく、キャッシュから遠い資産といえます。

　キャッシュになりやすい資産を流動性の高い資産といいます。流動性の観点から資産を把握しておくことも重要なことです。

(4)　負債の種類

　負債の性格も資産同様、２種類あります（図表１－２－５）。一つは一般感覚と同様の負債です。つまり、これから現金で返済しなければならない借財です。銀行からの借入金が典型です。借入金はいずれ現金で返済しなければなりません。また、事業をするためには商品や原材料を購入しなければなりません。購入した代金は、現金との引き換えではなく遅れて支払われるのが普通です。そうしたときは支払手形とか買掛金が負債に計上されます。これ

図表1－2－5　負債の内容

負債 ┌ 将来、現金が支払われる負債……借入金、支払手形、買掛金、引当金等
　　　└ 将来、収益になる負債……前受収益、繰延税金負債等

らは借財ですから、いずれ現金で支払わなければならない負債です。

　もう一つの負債の種類に適正な損益計算のために計上されるものがあります。これも二つに分けられます。一つは長期間にわたるサービスに対する対価を先にもらってしまい、適正な損益計算のために会計上の収益認識を将来に繰り延べるものです。たとえば、今後5年間なんらかのサービスを行う契約をし、そのサービス提供に対する5年分の対価を一括して前払いでもらったとします。サービス提供期間は5年間ですから、損益計算書に計上する収益は5年間分割で計上しなければなりません。そこで4年分の収益は前受収益として負債に計上します。これは将来の収益の対価をサービスの提供より先にもらっていることから、収益を将来に繰り延べるために負債に計上されているものです。前受収益は負債ですが、他の負債のように現金が支払われることはありません。期日が来ると、前受収益は取り崩し、損益計算書の収益に計上されていきます。

　もう一つは引当金です。引当金は当期に費用は発生しているが、キャッシュの支払は将来行われるものについて費用の反対勘定として負債に計上されるものです。たとえば退職金です。退職金の支払は退職時点で行われますから、かなり先になります。しかし、退職金をなぜ支払うのかといえば、就職してから退職するまでの従業員の労働に対する対価です。従業員の在職期間中の労働に対して会社の収益はあがっているのですから、労働の費用も在職期間中に計上されなければなりません。退職金が退職給与規定に基づいて支払われるなら、退職時点の退職金はおおよそ計算できます。退職金支払金額のうちの当期分は当期の費用として計上しなければなりません。その退職費用の反対勘定として退職給付引当金を負債に計上します。そして、実際退

職時に退職金を支払うときには退職給付引当金を取り崩しますから、そのときにはキャッシュの支払はありますが、費用の発生はありません。こうした引当金は負債に計上されるので負債性引当金といいます。

　なお、引当金には負債性引当金のほかに評価性引当金もあります。評価性引当金は負債性引当金のように将来キャッシュの流出が予想されるものではなく、取得している資産の価値が減少している場合に計上されるものです。したがって、評価性引当金は負債に計上されるのではなく、引当金の対象となった資産のマイナス勘定として貸借対照表の資産の控除項目になります。

(5)　資産、負債の並び方

　資産、負債には多くの種類がありますので、その並び方も重要です（図表1－2－6）。

　資産は現金になるのが近い順に上から並びます。比較的短期間に現金または費用に換わるものが流動資産になります。流動資産のトップには現金預金がきます。そして、売掛金、棚卸資産など事業活動によって生ずる資産は流動資産になります。事業性資産は事業が順調に回転している限り現金に順次変換していきますので、不良化して回収できないものを除きすべてが流動資産になります。これに対して、事業活動によって生ずる資産以外の資産については1年以内に現金化されるかどうかが分岐点になります。たとえば、貸付金などは1年以内に現金として回収されるものが流動資産になり、損益調整のために計上した前払費用などは1年以内に費用化するものが流動資産になります。結局、流動資産とは比較的短期間に現金になったり、費用になったりしてその姿が変わるものが該当します。売掛金や、棚卸資産などは表面上は毎年変わらずに計上されていますが、その中身は常に入れ替わっています。

　一方、固定資産は短期間にはその姿を変えないものが該当します。土地、建物、機械や投資目的の有価証券などが該当します。建物や機械は減価償却という形で徐々に費用になりますが、それは1年という短期間ではなく、建

図表１－２－６　貸借対照表の並び方

資　産	性　格	負　債	性　格
流動資産 　現金預金 　売掛金 　棚卸資産 　前払費用	・事業用資産 ・現金や費用になるのが短期間 　……１年以内	流動負債 　支払手形 　買掛金 　短期借入金 　未払費用 　前受収益	・事業用負債 ・現金支払や収益になるのが短期間 　……１年以内
固定資産 　建物 　機械 　土地 　投資有価証券 　長期前払費用	・現金や費用になるのが長期間 　……１年超	固定資産 　長期借入金 　社債 　長期前受収益 　引当金	・現金支払や収益になるのが長期間 　……１年超

物や機械の耐用年数に応じた長期間に及びます。土地は建物や機械のように減価しませんから、売却しない限り取得原価のまま据え置かれます。投資目的の有価証券は売れば現金になるものですが、投資目的というのは経営の意思として長期間保有するということですから、よほどのことがない限りキャッシュには換わりません。前払費用でも１年を超えて費用化されるものは長期前払費用として固定資産になります。このように固定資産は現金や費用になるのに長期間かかり、その姿を容易に変更しない資産が該当します。

　負債の分類は資産とは逆に現金の支払が早く来るものの順に上から並びます。支払手形や買掛金などの事業活動によって生ずる負債は、事業活動が普通に行われている限り次々と支払をしていかなければならないので流動負債になります。事業活動以外の負債は現金支払の時期が１年以内かどうかが基準になります。たとえば、借入金は１年以内に返済しなければならない借入金は短期借入金として流動負債になり、返済時期が１年を超えるものは長期借入金として固定負債になります。社債は償還期限が１年を超えるのが普通ですから固定負債になります。前受収益などの将来は収益になる負債は１年

以内に収益に換わるものは流動負債になり、1年を超えて収益に換わるものは固定負債になります。引当金も1年以内にキャッシュ流出があるものは流動負債に、1年を超えてキャッシュ流出のあるものは固定負債になります。

〈事例4〉 純 資 産

> 新入行員：貸借対照表では株主の財産を示す純資産が重要ですよね。株
>   主財産が多ければ多いほど返済不要の資金が多いということに

図表1－2－7　C社の貸借対照表

	前期	当期		前期	当期
I　流動資産	2,820	2,900	I　流動負債	2,810	2,860
現金預金	620	660	支払手形	650	700
受取手形	680	700	買掛金	850	820
売掛金	860	850	短期借入金	680	710
有価証券	250	250	未払費用	130	140
棚卸資産	380	410	前受収益	100	110
その他流動資産	110	120	未払法人税等	400	380
貸倒引当金	△80	△90	その他流動負債	1,050	1,140
II　固定資産	2,660	3,080	II　固定負債	610	680
建物・構築物	850	880	長期借入金	400	380
機械装置	520	620	退職給付引当金	40	80
車両運搬具	80	90	繰延税金負債	〈3,860〉	〈4,000〉
土地	750	750	〈負債合計〉	1,120	1,280
無形固定資産	60	60	I　株主資本	600	600
投資有価証券	400	680	資本金	300	300
			資本剰余金	320	480
			利益剰余金	△100	△100
			自己株式	500	600
			II　評価・換算差額	100	200
			その他有価証券評価差額金	200	200
			繰延ヘッジ損益	200	200
			土地再評価差額金	0	100
			III　新株予約権	〈1,620〉	〈1,980〉
〈資産合計〉	〈5,480〉	〈5,980〉	〈純資産合計〉	〈5,480〉	〈5,980〉
			〈負債・純資産合計〉		

なりますから、会社の財務体質は良好だと判断してよいです
　　　ね。C社（図表1－2－7）の株主財産は前期の1,620から当期
　　　は1,980に増加したと読み取れます。

先輩行員：貸借対照表で重要なのは株主財産ということは、そのとお
　　　り。しかし、貸借対照表に表示される純資産がすべて株主財産
　　　と考えるのは間違いだ。純資産は単に資産と負債との差額を表
　　　示しているにすぎず、株主財産は純資産のなかの株主資本と評
　　　価・換算差額等とを合計したものに限定される。それを普通
　　　「自己資本」と呼んでいる。C社でいえば、自己資本は前期の
　　　1,620から当期は1,980に増加したということになる。

新入行員：自己資本がどれくらいあるか、あるいは増えたか、減ったか
　　　に着目する必要があるのですね。

先輩行員：自己資本全体の動向をみることは当然だが、自己資本の中身
　　　をよく理解して、会社の真の財務や利益体質を把握する必要が
　　　あるんだ。

(1)　純資産の内容

　貸借対照表においては、資産から負債を引いたものはすべて株主の財産で
はなく、単なる資産と負債との差額としての純資産となります。つまり、純
資産のなかには株主の財産でないものもあるということになります。純資産
の中身は三つに大別できます（図表1－2－8）。

　純資産のうち株主に帰属する財産は、純資産のなかの株主資本となりま
す。株主資本は、株主が自分の資金を会社の外から払い込んだ資本金、資本
剰余金（これらを払込資本といいます）、会社が事業活動により自ら稼いだ利
益剰余金（留保利益といいます）から成ります。そして、自己株式を株主資
本の最後で控除します。

　純資産の二番目は評価・換算差額等です。資産は原則的に取得原価で計上

図表 1 − 2 − 8　純資産の内訳

純資産の項目	性　格
Ⅰ　株主資本 　1.　資本金 　2.　資本剰余金 　　⑴　資本準備金 　　⑵　その他資本剰余金 　3.　利益剰余金 　　⑴　利益準備金 　　⑵　その他利益剰余金 　　　＊＊積立金 　　　繰越利益剰余金 　4.　自己株式（△）	・帳簿上確定した株主の財産 ・払込資本：株主が会社の外から払い込んだ資本 ・留保利益：会社自身が稼いだ利益 ・自己株式を控除
Ⅱ　評価・換算差額等 　1.　その他有価証券評価差額金 　2.　繰延ヘッジ損益 　3.　土地再評価差額金	・資産の時価評価に伴う評価損益 ・損益計算書で損益として認識されていない ・税効果控除後の金額を計上
Ⅲ　新株予約権	・新株を購入できる権利

されますが、特別の規定により時価評価できる資産があります。たとえば、
金融商品の時価会計の規定により再評価される有価証券や土地再評価法によ
る土地などです。これらの資産が時価評価され、しかも損益計算書を通らず
に直接に純資産を増減させる評価損益は、純資産のなかで評価・換算差額等
になります。ここに計上された評価・換算差額等は損益として認識されてい
ませんから、実際に課税はされていません。しかし、将来損益が実現すると
課税されますから、その税効果を見込んで計上します。たとえば、株式の評
価益が100あった場合、100全部が評価・換算差額等になるのではありませ
ん。実効税率40％とすれば、評価益のうちの40を繰延税金負債、残りの60を
その他有価証券評価差額金として評価・換算差額等に計上します。

　純資産の三番目は新株予約権です。新株予約権はあくまで新株を購入でき
る権利で株式として確定したものではありません。新株予約権を返済義務の

ある負債とすることは適当ではないので、純資産の一部として表示されます。

(2) 株主財産

　一般的に、資本と同じ内容を指すものとして、株主資本、自己資本、純資産などの言葉が使われます。これらはいずれも株主の財産という意味をもっています。しかし、会計的定義は異なります。純資産および株主資本は先ほど説明したように決算書上で明確に定義されます。純資産は資産から負債を控除した広い概念で、株主資本は純資産のなかの払込資本と留保利益に限定されます。

　ところで、前に純資産は単なる資産と負債との差額ですべてが株主の財産ではないと述べました。では、株主の財産とは何なのでしょう。

　株主資本は株主が自分自身の資金を払い込んだ払込資本と会社が稼いだ留保利益との二つから成ります。これは帳簿上確定した株主の財産です。次に評価・換算差額等です。評価・換算差額等は株主資本のように帳簿上確定した株主の財産ではありません。しかし、もしここで会社が解散して資産を処分するとすれば、資産の含み益のうち税金以外の処分益は株主に帰属します。そこで、評価・換算差額等は実質的な株主の財産に含めてもよいと考えられます。最後に新株予約権はあくまで新株を払い込む権利にすぎませんから、株主の財産とは認められません。ただ単に負債に含めるわけにはいかないから、純資産に入っているにすぎません。したがって、実質的に株主の財産として認められるのは、株主資本と評価・換算差額等を足したものということになります。

　ところが、この株主の財産については決算書上、すなわち金融商品取引法に基づく財務諸表等規則では定義されていません。決算書の利用者がそれぞれ名前をつけることになります。証券取引所や経済メディアでは株主資本と評価・換算差額等を合計したものを「自己資本」と定義しています。その結果、自己資本という言葉は決算書上の用語ではありませんが、実質的な株主

図表 1 − 2 − 9　株主資本、自己資本、純資産

分　類	内　容	株主資本	自己資本	純資産
Ⅰ　株主資本	帳簿上確定した株主財産	○	○	○
Ⅱ　評価・換算差額等	株主財産とみなされる資産の評価損益	×	○	○
Ⅲ　新株予約権	株式を購入できる権利	×	×	○

狭義の　　　広義の　　　資産と負
株主財産　株主財産　債の差額

財産を指す言葉として広く使われています。

　一般的に、同じ内容を指すものとして使われている純資産、株主資本、自己資本は会計的には意味が違います。これらの言葉の相違をよく理解しておくことが必要です。このなかで、決算書分析で重要なのは株主の実質的財産である自己資本です。自己資本比率や自己資本利益率（ROE）もこの自己資本をベースに計算しますし、債務超過の概念もこの自己資本がマイナスになったときを債務超過とします。

　以上をまとめると図表 1 − 2 − 9 のようになります。帳簿上確定した厳密な意味の株主財産は株主資本になります。自己資本は実質的に株主の財産とみなすことができる資産の評価損益を含んだもので広義の株主財産といえます。新株予約権は株主財産とは認められないので、純資産全体は株主財産ではなく、単なる資産と負債との差額になります。

　上場会社では純資産における上記区分は重要ですが、非上場会社ではやや様相を異にします。というのは、非上場会社では有価証券の時価評価を適用しない場合が多く、そのため評価・換算差額等は表示されません。また、新株予約権を発行する会社も少ないため新株予約権も発生しません。すると、純資産として表示されるのは結果的に株主資本だけになるケースがほとんどになります。したがって、非上場の多くの会社では実質的に「株主資本＝自己資本＝純資産」となるのです。

⑶ 株主資本の中身

　株主資本とは帳簿上確定した株主の財産です。株主資本はひと括りで議論されることが多いのですが、その中身の違いを認識しておくことが必要です（図表1－2－10）。

　株主資本はその性質の違いから二つに分けることができます。一つは株主が自分で資金を払い込んだ払込資本と呼ばれるものです。勘定科目としては資本金及び資本剰余金が該当します。払込資本はもともと株主が払い込んだものですから、当然に株主資本になります。もう一つは会社が事業を行うことによって蓄積してきた留保利益です。留保利益は勘定科目としては利益剰余金が該当します。留保利益は会社がこれまでの事業により稼いだものです。損益計算書の当期純利益のうち社内留保されたものが蓄積されます。留保利益は会社が自分で稼いだものですが、会社は最終的に株主のものですから、払込資本とともに株主資本を形成することになります。

　払込資本は株主が会社に出資金を入れない限り増加しません。したがって、通常株主資本が増減するのは留保利益の変動によります。会社が事業を行い利益を計上すれば、留保利益が増え、株主資本も増加します。逆に赤字を計上すれば、留保利益が減少し株主資本が減っていきます。

　同じ株主資本といっても、このようにその性格は大分異なります。払込資本は株主が自分の資金をつぎ込んだものです。いわば、株主からみれば原価ですから、最低限この金額は会社の株主資本勘定に残らなければ割に合いません。もし、会社が損失を累積して欠損金が多くなり、株主資本勘定の金額が払込資本を下回ってしまえば、株主としては損をしたことになってしまいます。一方、留保利益は会社が事業で稼いだものですから、株主からみれば純粋にプラスの余剰ということになります。

　会社側からみると、払込資本は株主が実際に会社に払い込んだ資本なので、払込資本を維持することが株主に対する会社の最低限の責任だといえます。一方、留保利益である利益剰余金は会社が自分で稼いだ資本ですから、

図表 1 - 2 - 10　株主資本の中身

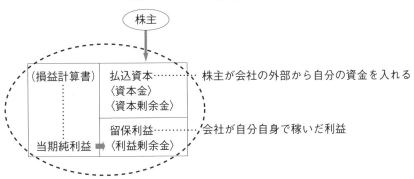

株主

（損益計算書）	払込資本‥‥‥‥‥‥‥株主が会社の外部から自分の資金を入れる
	〈資本金〉
	〈資本剰余金〉
	留保利益‥‥‥‥‥‥会社が自分自身で稼いだ利益
当期純利益 ➡	〈利益剰余金〉

会社が比較的自由に使える資本だといえます。

　会社を外部からみたときに、ただ株主資本が大きいか小さいかだけをみるのではなく、株主資本の中身として払込資本が多いか、留保利益が多いかということに着目してください。払込資本の大きい会社は単に株主が自分の資金を会社に入れたにすぎないのに対し、留保利益が多い会社は自分の事業で稼いだ株主資本がたくさんあるということになります。それは会社の収益力の高さを物語りますし、会社が自由に処分できる株主資本が多いということもできます。

損益計算書の見方

〈事例5〉 損益計算書

新入行員：損益計算書にはいろいろな利益があります。Ｄ社の場合、前期は営業利益、経常利益は赤字で、税引前当期純利益、当期純利益は黒字だったのに、当期はその赤字と黒字がまったく反対になってしまいました（図表１－３－１）。こういう場合はどの

図表１－３－１　Ｄ社の損益計算書

	前期	当期
売上高	11,500	12,000
売上原価	9,000	9,300
売上総利益	2,500	2,700
販売費及び一般管理費	2,600	2,500
営業利益	△100	200
営業外収益	90	50
営業外費用	40	110
経常利益	△50	140
特別利益	200	60
特別損失	60	250
税引前当期純利益	90	△50
法人税、住民税及び事業税	40	0
当期純利益	50	△50

ように評価すればよいのでしょうか。

先輩行員：損益計算書の各段階の利益は会社の事業成績がより明確にわ
かるように算定されている。前期のように営業利益や経常利益
が赤字なのは、本業の営業成績が不振であることを物語ってい
る。それを特別利益で取り繕って最終利益を確保している形
だ。当期は本業の利益を改善させているから、その面では評価
できる。しかし、株主に責任のある最終利益が赤字になってい
るところは問題だね。その原因は特別損失にあるのだから、そ
の原因を把握しなければならない。

(1) 全体構造

貸借対照表は左右対称に表示されますが、損益計算書は左右対称ではな
く、縦一列に表示されるのが普通です。複式簿記の原理からすれば左右対称
でも表示できるのですが、貸借対照表のように左右を比較するより、利益を
種類分けして順番に表示したほうが損益の内容が把握しやすいため縦一列の
形となっています。

損益計算書の最大の目的は事業活動によって1年間に稼いだ最終利益（当
期純利益）を表示することです。原則的には最終利益分だけ株主の財産であ
る自己資本（株主資本）を増加させます。株主が株主財産の増加額だけに興
味があるとすれば、最終利益たる当期純利益さえわかればよいのですが、そ
れだけでは会社の利益の源泉がわかりません。本業が好調で利益をあげてい
るとすれば、これからも同様の利益計上が期待できますし、その年だけの特
別な要因による利益であるなら、翌年以後の利益計上は望めません。そうし
たことが把握できるように、損益計算書では当期純利益がどういう要因で形
成されたかということを、段階を追ってわかりやすくなるように工夫されて
います（図表1－3－2）。

第1段階の分類として、損益が経常的に発生するかどうかで区別します。

図表１－３－２　損益計算書の構造

		損益計算書	収益	費用	利　　益
毎年経常的に発生	本業	売上高	(A)		
		売上原価		(B)	
		売上総利益			(C)＝(A)－(B)
		販売費及び一般管理費		(D)	
		営業利益			(E)＝(C)－(D)
	本業以外	営業外収益	(F)		
		営業外費用		(G)	
		経常利益			(H)＝(E)＋(F)－(G)
当年度特有		特別利益	(I)		
		特別損失		(J)	
		税引前当期純利益			(K)＝(H)＋(I)－(J)
		法人税、住民税及び事業税 法人税等調整額		(L)	
		当期純利益			(M)＝(K)－(L)

　毎期経常的に発生する利益は経常利益として計算し、その年度に特有に発生するものは特別損益とします。

　第２段階の分類として、経常損益をさらに本業で生じた営業損益と本業以外の営業外損益とに分けます。営業損益は本業の最も基礎になる、営業経費を差し引く前の売上総利益と、営業経費差引き後の営業利益とに分けられます。この営業利益が本業の収益力を表示します。営業利益に営業外損益を加減したものが経常利益です。

　経常利益に特別損益を加減したものが税引前当期純利益です。ここから法人税等負担額を控除しますが、法人税等負担額は実際当期分の税額として納付すべき「法人税、住民税及び事業税」に、税効果会計を適用することに伴い発生する法人税等調整額を加えたものになります（税効果会計を適用しな

い会社は法人税等調整額は表示されません）。「法人税、住民税及び事業税」は必ず費用になりますが、法人税等調整額は費用になることも収益になることもあります。税引前当期純利益から当期の法人税等負担額を控除したものが最終利益である当期純利益になります。

図表 1－3－2 の見方を少し変えて、横軸でみます。損益計算書は収益と費用の二つに大別できます。収益はその内容により、「売上高」「営業外収益」「特別利益」の三つに分かれます。費用は収益より細かく、「売上原価」「販売費及び一般管理費」「営業外費用」「特別損失」「法人税等負担額」の五つに分類されることになります。

(2) 利益の内容

損益計算書にはいろいろな利益があります。各段階の利益は次のような内容になっています（図表 1－3－3）。

a 売上総利益＝売上高－売上原価

売上総利益は利益の基礎となるもので、「粗利」ともいいます。売上原価は卸・小売業であれば販売商品の原価ですし、製造業であれば製造原価を指します。売上総利益は売上高から売上げの対象となった製品や商品の原価を引いたものですから、商品力や製品力を反映していると考えることができます。この売上総利益をベースにして各種経費を引いていきますから、この利益はできるだけ大きくとっておかなければなりません。

b 営業利益＝売上総利益－販売費及び一般管理費

商品力や製品力だけでは製・商品は売れません。製・商品を売るためには販売や会社全体の管理も必要になります。売上総利益から販売や管理のための経費を引いたものが営業利益です。これは会社の財務体質等を考慮しない純粋な本業の収益力を示すものです。いわば、会社の核となる実力の利益といえます。

c 経常利益＝営業利益＋営業外収益－営業外費用

営業外収益の代表的なものは預金等の受取利息や株式等の受取配当金であ

図表1－3－3　利益の内容

利益の名称	内　　容
(1)　売上総利益	最も根幹となる利益。粗利（アラリ）ともいう。
(2)　営業利益	本業による利益。
(3)　経常利益	経常的状態のもとにおける利益。経常（ケイツネ）ともいう。
(4)　税引前当期純利益	税金を引く前のその年度の利益。税前利益ともいう。
(5)　当期純利益	その年度の最終の利益。最終利益または純益ともいう。

り、営業外費用の代表的なものは借入金等に係る支払利息です。預金や借入金などは本業の収益力とは関係のない会社の財務といわれるものです。すなわち、経常利益とは本業だけでなく、財務も含めて他に特別の要因がなければ、毎期経常的に発生すると予想される利益です。したがって、会社全体としての通常の実力を示すものとしては経常利益が最も適しています。

d　税引前当期純利益＝経常利益＋特別利益－特別損失

　特別損益とは、その年度に特別に生じた損益です。たとえば、土地の売却損益などが該当します。不動産業以外の普通の会社では土地の売却は毎年発生するものではありません。特別損益は来年度以後も同様に発生すると想定することはできません。ですから、来期以後の収益を予想するときにはこの部分は除外して考える必要があります。税引前当期純利益は特別利益を含めたこの年度に発生した法人税等以外のすべての損益の合計です。

e　当期純利益＝税引前当期純利益－法人税等負担額

　当期純利益は税金を控除した会社のトータルとしての利益であり、最終利益とか純益とも呼ばれます。途中経過はどうであれ、会社がこの年度にどのくらい儲かったかということは当期純利益で表現されます。当期純利益は株主に対する責任のある利益ということができます。

(3)　赤字の深刻度

損益計算書の収益のうち最大のものは売上高で、そこからいろいろな経費を差し引くことにより各段階の利益を算定していますから、利益は上に行くほど厚く、下になるほど段々薄くなるのが普通の会社です（財務体質が非常に強固で余裕資金が巨額にあると、営業外収益が営業外費用を上回り、経常利益が営業利益を恒常的に上回る会社もあります）。会社は利益をあげるために存在しているのですから、すべての段階で黒字となっているのが通常の状態です。赤字になるのは異常な状態ですが、赤字になる場合もどこの段階で赤字になったかでその会社の深刻度がわかります（図表1－3－4）。

a　売上総利益が赤字

この段階で赤字になることはまずありません。売上総利益が赤字ということは扱っている品物に商品力や製品力がないということですから、そもそも商売をする意味がないということになります。売上総利益が赤字の会社は問題外です。

b　営業利益が赤字

営業利益が赤字ということも相当深刻だといわなければなりません。なぜなら、営業利益というのは本業でどれだけ儲かったかを表現しているからです。営業利益が赤字ということは、本業に欠陥があることになります。利益体質にするには本業そのものの改革（リストラ）が必要です。本業の改革は

図表1－3－4　赤字の深刻度

赤字の名称	深　刻　度
(1)　売上総損失	問題外。
(2)　営業損失	本業の改革が必要。
(3)　経常損失	財務体質の改善が必要。
(4)　税引前当期純損失	特に問題ない。
(5)　当期純損失	レアケース。

容易ではありません。

c　経常利益が赤字

営業利益は黒字だが経常利益段階で赤字になったというのは、本業は順調だが借入金等が多すぎるために営業外損益がマイナスだということです。俗にいう「財務体質の弱い会社」です。これも問題がないわけではありません。このまま事態が変わらないとしたら、毎期経常的に赤字を計上することになります。ただ、この場合は本業は問題ないのですから、財務体質さえ改善してやればよいことになります。

d　税引前当期純利益が赤字

経常利益までは黒字だが税引前当期純利益が赤字というのは、特別損失が大きかったということになります。特別損失が翌年度以後は発生しない本当に特別な損失であれば、経常利益は黒字なのですから、利益体質としては特に問題ないといえます。ただ、特別損失が本当に当期だけの固有のものかどうかということだけは確認しておく必要があります。

e　当期純利益が赤字

税引前当期純利益までは黒字だが最後の当期純利益だけが赤字というのは、税引前当期純利益より税負担のほうが大きいということですから、あまり多いケースではありません。ただ、本書では詳しく触れませんが、税効果会計による法人税等調整額の影響でこうしたケースもまれにあります。

(4)　利益が何に変換しているか

損益計算書で利益を出すことは、もちろん重要です。ただ、決算書をみるときはそれだけにとどまってはいけません。その利益がどういう形として会社に残っているかということにも注目する必要があります。

利益は計算上の概念です。実体として利益そのものが残るわけではありません。利益が実体としてどういう形で残っているかに注目してください。消費者感覚からすると、利益があれば実体としてはその分キャッシュが増加していると考えるかもしれません。しかし、企業は最終消費者ではありません

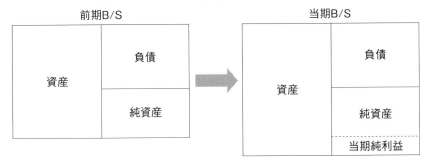

図表1-3-5　当期純利益が資産を増加させる

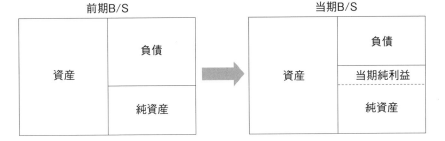

図表1-3-6　当期純利益が負債を減少させる

図表1-3-7　利益の増加→資産の増加か負債の減少

資産の増加	負債の減少
流動資産の増加 （現金預金の増加） （売掛金の増加） （在庫の増加） 固定資産の増加	（借入金の減少）
	純資産の増加 《当期純利益の増加》

から、キャッシュを蓄積するのが目的ではありません。企業は営利事業体として成長し続けなければなりません。キャッシュをそのまま温存していたのでは成長できませんから、キャッシュを他の資産に変換しながら事業を継続します。

損益計算書で算定された利益が実体として何になっているかは貸借対照表で確かめられます。ここでもう一度、損益計算書と貸借対照表との関係を復習しておきます。

　当期の損益計算書は前期の貸借対照表と当期の貸借対照表とをつないでいるわけですが、その橋渡しをしているのは損益計算書の当期純利益です。すなわち、当期の貸借対照表の純資産は原則的に前期に比べて損益計算書の当期純利益分だけ増加しています。「純資産＝資産－負債」ですから、その純資産の増加分は資産の増加（図表１－３－５）、あるいは負債の減少（図表１－３－６）、または両者の組合せによって、実現していることになります。利益が出ているということは、必ず資産か負債の増減に通ずるのです。利益が出ていれば、それがどのように貸借対照表の資産と負債とに影響を与えているかを確認しておくことは、会社の資金繰りや会社の方向性をみるうえで重要なことです。

　図表１－３－５、１－３－６からわかるとおり、当期純利益は当期末の貸借対照表の純資産の増加要因です。純資産が増加したのは当期の事業活動の成果ですが、その内容は損益計算書で説明しています。純資産の増加額も利益と同様、計算上の概念です。実物としては資産の増加か負債の減少として貸借対照表に表現されていますので、それを検証することになります（図表１－３－７）。

　利益の額は最終的にはキャッシュに帰着します。「最終的には」ということは「解散するときには」ということですから、会社が事業継続中にはいろいろなパターンがあります。次にその代表的パターンについて説明します。

(5)　利益の変換パターン

a　現金預金の増加……資産の増加

　利益をすでにキャッシュで回収ずみであり、キャッシュを保有したまま決算期を迎えている状態です。現金預金というのは資産のなかでは最も流動性の高い資産です。現金預金が豊富にあれば、多少業況が悪くなっても持ちこ

たえられますし、これから何にでも使えるわけですから、そういう点では健全で、取引先としてみても安心だといえます。

b 売掛金の増加……資産の増加

利益が売掛金の増加になっているということは、商品を売り、利益は計上したが、まだキャッシュとして回収できていない状態です。売掛先が正常な会社で、ただ単に売掛金の期日が来ないために支払がされていないのだとしたら、期日が来ればキャッシュとして回収できるのですから、問題はありません。問題なのは売掛先が回収不能の場合です。売掛先が売掛金を支払ってくれなければ、貸倒損失となりますから、計上した利益はなくなってしまいます。

c 在庫の増加……資産の増加

商品の売上げが順調であり、次の売上げに備え、在庫を増加させているため商品勘定が増えているのだとしたら、問題ありません。問題なのは売上原価を圧縮し、見かけ上の利益を計上するために在庫を増加させている場合です。

売上原価は次の算式で計算されます。

売上原価＝期首在庫＋当期商品仕入高－期末在庫

したがって、期末在庫を増やせば売上原価は減少します。本当は商品がないにもかかわらず帳簿上あることにしているとか、商品単価を上げて期末在庫金額をかさ上げしているような場合です。在庫にはそれだけの価値はないのですから、計上した利益は架空の利益ということになります。

d 固定資産の増加……資産の増加

利益が増えている分が固定資産として増加していれば、利益がいったんキャッシュとして入ってきて、固定資産に再投資していると考えられます。これは相当強気の資金運用といえますから、将来の会社の成長性なり収益性に、かなり自信があるということになります。順調に思惑どおり売上げが増加しているなら、固定資産の増加はさらなる利益をもたらします。しかし、思惑が外れ業績が下降するような状況になれば、固定資産は容易に回収でき

なくなりますから、過大な固定資産が会社の重荷になるおそれがあります。

e　借入金の返済……負債の減少

　利益の増加分で資産を増やすのではなく、負債を減少させることがあります。利益がいったんキャッシュとして入った後に、キャッシュを設備投資ではなく、借入金の返済に充てるものです。設備投資は会社を前向きに拡大しようとする経営者の意思の表れですが、借入金の返済に充当するのは負債を減らし、経営者は会社の守りを固めようとしているのだと考えられます。

連結決算の見方

〈事例6〉 連結決算書

> 新入行員：最近、私が担当している会社がD社を買収して子会社にしました。これから、親子会社一体となって、グループ経営を行っていくということです。そうした場合でも、親会社個別の決算書をみていけばよいのでしょうか。
>
> 先輩行員：会社の成長には、自社で固定資産に投資して自分の会社を拡大していく内部成長と、すでに事業実績のある他の会社を買収する外部成長の二つの方法がある。時間をかけて、地道に成長するには内部成長でもよいが、変化の激しい時代には「時間を買う」という側面がある外部成長が適しているから、今後、M&A（合併と買収）はますます盛んになるだろう。すると、会社は親子会社を一体的に運営するグループ経営に移行する。グループ経営の業績を評価するときは、親会社個別の決算書では不十分であり、グループトータルの業績をみる連結決算書が必要になる。だから、銀行員にとって、連結決算書の読解はますます重要なものとなる。
>
> 新入行員：連結決算書をみる場合、個別決算書とは違う何か特別の見方があるのでしょうか。

図表1-4-1　D社の連結貸借対照表

		当期			当期
流動資産	現金預金	720	流動負債	支払手形	640
	受取手形	690		買掛金	830
	売掛金	880		短期借入金	540
	有価証券	130		前受収益	140
	棚卸資産	670		未払法人税等	120
	前払費用	60		その他流動負債	330
	その他流動資産	120			
	貸倒引当金	△90			
	計	3,180		計	2,600
固定資産	(1) 有形固定資産	1,470	固定負債	長期借入金	980
	建物・構築物	670		退職給付引当金	530
	機械装置	320			
	車両運搬具	400			
	土地	80			
	(2) 無形固定資産	200		計	1,510
	のれん	200			
	(3) 投資その他の資産	300			
	投資有価証券	300			
	計	1,970		負債合計	4,110
			純資産	(1) 株主資本	700
				資本金	300
				資本剰余金	100
				利益剰余金	300
				(2) その他の包括利益累計額	140
				その他有価証券評価差額金	50
				繰延ヘッジ損益	40
				土地再評価差額金	30
				為替換算調整勘定	20
				(3) 新株予約権	0
				(4) 非支配株主持分	200
				純資産合計	1,040
資産合計		5,150	負債・純資産合計		5,150

(注)　太字は連結決算書に特有の用語

図表１－４－２　Ｄ社の連結損益計算書

	当期
売上高	9,500
売上原価	6,800
売上総利益	2,700
販売費及び一般管理費	2,500
（のれん償却）	（50）
営業利益	200
営業外収益	50
（持分法による投資利益）	（30）
営業外費用	110
経常利益	140
特別利益	60
特別損失	50
税引前当期純利益	150
法人税等	60
法人税等調整額	△10
当期純利益	100
非支配株主に帰属する当期純利益	20
親会社株主に帰属する当期純利益	80

（注）　太字は連結決算書に特有の用語

先輩行員：連結決算書も決算書の一種であり、個別決算書の延長線上で理解していけばよい。ただ、そのなかで連結決算書に特有の用語が出てくる。連結決算書を理解するためには、その特有な用語の意味を理解しておくことが大切になる（図表１－４－１、１－４－２）。

(1)　連結決算の目的

　上場会社の決算は連結中心になっています。そうした流れを受け、非上場会社でもグループ会社を有する場合は連結決算が重視される傾向にあり、連

結決算の重要性はいっそう高まっています。

連結決算は親会社を中核とする企業グループ全体の業績を表現したもので、親会社の株主財産を表現するものとして、個別決算より適したものだといえます。

上場会社において単に決算書といえば、連結決算を指すのが普通であり、株価も連結の業績をみて動いています。ここでは連結決算の見方の習得に欠かせない、その基本的な構造について説明します。まず、連結決算の目的から考えてみましょう。

個別決算は親会社個別を、連結決算は親会社を中心とした企業グループを表現しているから、この二つはまったく別物と考えている方がいるかもしれません。個別と連結ではたしかにその表現方法は大きく違いますが、実はその最終目的は変わりません。

個別決算の目的はいうまでもなく、親会社単体の株主財産を適正に報告することです。では、連結決算の目的は何でしょうか。連結決算は親会社を含めた企業グループ全体の株主に対する報告ではありません。連結決算の目的も、やはり親会社の株主に対する財産報告なのです（図表1－4－3）。

個別決算では、株主財産は貸借対照表における自己資本として表現されています。しかし、そこで表現される自己資本は親会社の株主財産を正確に表現しているとはいえません。なぜなら、親会社の傘下にある子会社や関連会社の業績を正しく反映していないからです。

一方、連結決算は子会社や関連会社の業績を取り込んで表示されていま

図表1－4－3　個別決算と連結決算

分類	目的	グループ会社の業績
個別決算	親会社の株主に対して、親会社株主財産の適正な報告	反映されない
連結決算	親会社の株主に対して、親会社株主財産の適正な報告	反映される

す。その意味で、親会社の株主財産は連結決算においてより適正に表現されているといえます。だからこそ、上場会社において単に決算書といえば、連結決算を指すのが普通であり、親会社の株価は親会社個別決算ではなく、連結決算に反応するのです。

　もっとも、前述したとおり、個別決算でも企業グループの実情を表現していないわけではありません。なぜなら、親会社はグループ会社の株式を所有していますから、その所有している株式は貸借対照表の固定資産に関係会社株式として表示されているからです。この金額をみれば、親会社がグループ会社にいくら投資をしているかわかります。また、投資しているグループ会社から配当があれば、その受取配当金が損益計算書の営業外収益に計上されることにより当期純利益に反映され、それは最終的に貸借対照表の繰越利益剰余金を通して純資産を増加させます。この場合、最終の貸借対照表では、グループ会社の株式残高に変動はなく、受取配当金分だけ現金と純資産が増加してバランスする形になっています（図表1－4－4）。

　これは現金主義という表現方法です。現金の授受がない限り、親会社の財務諸表への影響はありません。したがって、グループ会社がどんなに好業績をあげていても配当をしない限り、親会社の財務諸表には反映されません。また、原則的に株式を売却しない限り、貸借対照表の関係会社株式の簿価は変わりません（ただ、所有しているグループ会社の株式価値が大きく下がった場合は、減損処理をしなければなりません）。これはこれで、グループ会社の親会社への貢献度を表現する一つの方法だとはいえます。

　しかし、こうした考え方で作成された財務諸表は、正しく親会社の業績を表現しているといえるのでしょうか。たとえば、業績は非常に良好だが、将来の成長のために配当をしない子会社があったとします。子会社の業績は良好なのですから、親会社の所有する子会社株式の価値は上昇しているはずです。しかし、子会社は配当をしませんから、現金主義では親会社の個別決算には、貸借対照表も損益計算書もまったく優良子会社の業績が反映されません。この配当をしない優良子会社の業績が親会社の個別決算に表現されるの

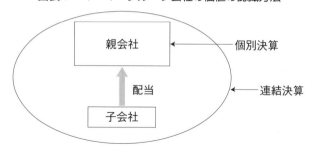

図表１－４－４　グループ会社の価値の認識方法

親会社　　←――――個別決算

配当　　　←――――連結決算

子会社

図表１－４－５　子会社株式の価値認識

決算書	認識基準	認識する時点
個別	現金主義…現金として入金したときに認識	配当、子会社株式売却
連結	実現主義…子会社業績に応じて認識	子会社の決算に対応

は、親会社が子会社株式を売却したときです。優良子会社なので、株式の価値は実質的に向上しているのに対し、親会社が所有している子会社株式の簿価は取得時点から変わっていないのですから、株式を売却すれば当然株式売却益が計上されます。

　このように、親会社の個別決算では子会社株式を所有している間、子会社の業績はまったく反映されず、最後に一挙に表現されるのです。あるいは、子会社ですから親会社はこの株式を最後まで売却しないかもしれません。その場合、最後まで子会社の業績を親会社の決算書に反映させることはできません。

　子会社の好業績による子会社株式価値の上昇は、子会社株式を売却したときに急に実現しているわけではなく、親会社が所有している期間のなかで徐々に形成されているはずです。したがって、その価値の実現度合いに応じて親会社の株主財産も増加しなければなりません。しかし、個別決算ではその株主財産の増加を反映できません。そこで、グループ会社の業績を適時に親会社の決算書に表現する手段として登場するのが連結決算なのです（図表

$1-4-5$)。

⑵　連結の範囲

　連結決算とは前述したとおり、グループに所属する会社の事業実績を親会社の財務諸表に表現する会計手法です。親会社と同じ財務諸表に表示するのですから、親会社とグループ会社の間には事業としての統一性がなければなりません。別の言い方をすれば、親会社がグループ会社の事業に責任をもつかどうかがポイントになります。

　事業に責任をもてば、そのグループ会社の株式は簡単には売却できません。統一的な事業運営を行うのですから、ある程度長期で保有することになります。そうした株式を保有していれば、その株式がたとえ上場され、マーケット・プライスがついていても、そのマーケット・プライスで時価評価して親会社の連結決算に反映させるのは、親会社の資産評価として適当ではありません。この場合はマーケット・プライスではなく、その会社の事業成績を親会社の連結決算に反映させるのが適当ということになります。

　親会社と一体で事業を行う会社の株式は、グループ会社として連結決算に組み入れられ、それ以外の会社の株式は普通の株式評価をされます。

a　子会社は全部連結

　この親会社の連結決算に事業成績を反映させる会社を関係会社といいます。関係会社は親会社と関係が深いので、その事業成績を親会社の連結決算に反映させますが、その反映の仕方は一様ではありません。親会社との関係の深さの濃淡により連結の方法は二つに分かれます（図表$1-4-6$）。

　親会社に資本的にも人的にも完全に支配され、一体で事業運営しているとされる会社は子会社となり、全部連結が適用されます。一方、親会社と関係はあるのですが、支配されているとまではいえない会社は関連会社となり、持分法により連結されます。

　親会社ときわめて関係が深く、親会社に支配されている子会社は親会社に支配されているのですから、親子会社の事業は実質同一と考えます。

図表 1 − 4 − 6　関係会社

	子会社	関連会社
親会社との関係	深い	浅い
経営への関与度	支配している	影響力がある
親会社事業の同一性	同一	同一とまではいえない
連結決算の組入れ方法	全部連結	持分法

　ある事業を親会社内の一事業部門で行っているのと、別組織の子会社で行っているのは、経営的にみて本質的差異はありません。そこで、連結決算では親会社で行っている事業も子会社で行っている事業も一体として表示します。この表示の仕方を全部連結といいます。

　損益計算書では子会社の収益・費用は親会社の収益・費用と合算します。そして、そのトータルの差額として連結の利益を計算します。貸借対照表では、子会社の資産・負債は親会社とまったく同様に連結決算の資産・負債に含めます。そして、そのトータルの差額として連結の純資産を算定します。

　連結決算では、子会社になれば親会社と同様の扱いになると考えてください。

b　関連会社は持分法

　しかし、グループ会社には事業の関連性はあるが同一とまではいえない会社があります。そうした会社を関連会社と呼びます。関連会社は親会社と経営の統合性はあるにしても、子会社に対するような完全な支配が確立しているわけではなく、関連会社としての経営の独立性は保持しています。

　この場合も親会社の連結決算に関連会社の事業成績を反映させますが、子会社のように収益・費用、資産・負債をそのまま取り込むのは適当ではありません。関連会社の場合は、持分法という手法で親会社の連結決算に関連会社の経営成績を表示させます。持分法は、子会社のように収益・費用、資産・負債を全部合算するのではなく、関連会社の最終結果だけを、親会社の株式所有割合に応じて、持分法損益という形で取り込みます。

連結決算は関係会社（親会社、子会社、関連会社）の経営成績を、親会社の財務諸表を中核にして、子会社は全部連結で、関連会社は持分法により、一体として表示したものです。

c　一般株式は時価評価または取得原価

前述のように、親会社が事業に責任をもつ関係会社については、親会社の責任の濃淡に応じて、子会社、ないしは関連会社として事業成績を連結決算に反映させます。一方、事業にはまったく関係をもたず、単に投資として所有している株式もあります。子会社や関連会社などの事業に責任をもつ関係会社の株式は容易に売買できませんが、それ以外の株式は原則として自由に処分可能です（相互に株式を持ち合い、暗黙で売買を制限している場合もあります。そうした株式を持合株式といいます）。

事業に責任をもたない会社の株式について、その会社の事業成績を連結決算に反映させることは適当ではありません。そこで、子会社、関連会社株式以外の株式は一般株式として、マーケット・プライスのついている上場株式は時価で、それ以外の非上場株式は原価で評価します。

d　子会社の要件

親会社が実質的に支配している会社は子会社、親会社が影響力をもっている会社が関連会社になります。ここでは、具体的にどういった条件があれば、子会社なり、関連会社になるのかみていきます。その判断は株式保有割合をベースに、その他の条件も加味して行われます。

連結決算では、親会社と子会社との事業成績の開示について本質的な差異はなく、子会社は親会社と完全に一体とみなされます。親会社の支配下にあるとみなされる会社が子会社になります。これを支配力基準と呼びます。子会社が親会社の支配下にあるかどうかの判定は図表1－4－7のとおりです。

e　関連会社の要件

関連会社は子会社ほどには親会社との関係が強くなく、親会社の事業と一体とまではみなすことはできません。ただ、親会社の影響力はあるため、親

図表1－4－7　子会社の判定基準

ケース	議決権保有割合	一定の事実
A	50％超	必要なし
B	40％以上50％以下	① 自己と緊密者、同意者で過半数の議決権 ② 自己の役員・従業員（現在または過去）が取締役会構成員の過半数 ③ 財務、営業、事業の方針決定を支配する契約等の存在 ④ 資金調達額の過半について融資・債務保証・担保提供 ⑤ その他意思決定機関を支配している事実の存在 ①～⑤のうちいずれか一つに該当する
C	0％以上40％未満	自己と緊密者、同意者で過半数の議決権 　　かつ ① 自己の役員・従業員（現在または過去）が取締役会構成員の過半数 ② 財務、営業、事業の方針決定を支配する契約等の存在 ③ 資金調達額の過半について融資・債務保証・担保提供 ④ その他意思決定機関を支配している事実の存在 ①～④のうちいずれか一つに該当する

会社の連結決算に持分法という方法で関連会社の業績を取り込みます。関連会社は親会社から支配まではされていないが、強い影響力を受けている会社になります。その判定基準は図表1－4－8のようになっています。

(3) 連結特有の用語

　連結決算の大部分は個別決算の延長線上で理解できます。連結決算には、個別決算にはない特有の用語があります。「連結決算を理解する」ということは、いわば、連結決算特有の用語の意味を理解するということにほかなりません。そこで、ここでは個別決算にはなく、連結決算だけに出てくる用語

図表 1 － 4 － 8　関連会社の判定基準

ケース	議決権保有割合	一定の事実
A	20％以上	必要なし
B	15％以上20％未満	①　代表取締役等役員の就任 ②　重要な融資を行っていること ③　重要な技術提供を行っていること ④　重要な営業上、事業上の取引の存在 ⑤　財務、営業、事業の方針に重要な影響を与えるとされる事実の存在 　　①～⑤のうちいずれか一つ
C	0％以上15％未満	自己と緊密者、同意者で20％以上の議決権 　　　かつ ①　代表取締役等役員の就任 ②　重要な融資を行っていること ③　重要な技術提供を行っていること ④　重要な営業上、事業上の取引の存在 ⑤　財務、営業、事業の方針に重要な影響を与えるとされる事実の存在 　　①～⑤のうちいずれか一つ

について説明します。

a　非支配株主持分

　子会社は100％子会社ばかりではありません。親会社の株式所有が100％未満の子会社の場合、登場するのが「非支配株主持分」です。

　図表 1 － 4 － 9 は連結開始時点の親会社、子会社の個別貸借対照表です。この事例では親会社は子会社の株式100％を所有していません。これから、連結決算を作成します。

　連結決算とは親会社の株主財産である自己資本をより適正に表現するためのものです。ここでは、「親会社の」というところが重要です。子会社の自己資本は関係ありません。

　子会社の個別の自己資本は連結という見地からみると、親会社所有と親会

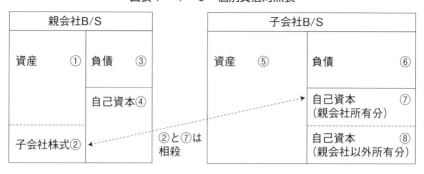

図表 1 − 4 − 9　個別貸借対照表

社以外の二つの構成要素に分割できます。そのうち、親会社以外の所有分が非支配株主持分になります。そのことを図表 1 − 4 − 9 を使って説明します。

　子会社の自己資本のうち、親会社所有分は図の⑦です。この⑦の部分は親会社が子会社株式として買収した部分ですから、これに相当する分は親会社個別貸借対照表の資産のなかに子会社株式②として計上されています。②と⑦は個別ではそれぞれ別個に計上されていますが、同じものを裏表からみているにすぎません。これをそのまま連結に計上すると、同じものを二重に計上することになってしまいますから、連結貸借対照表を作成する場合は相殺しなければなりません。

　そうすると、子会社の自己資本には親会社以外所有分の⑧が残ります。この残った⑧を連結決算でどのように表現するかです。これは親会社以外の者が所有している分ですから、連結上の自己資本に入れてはいけません。これが「親会社以外の持分」という意味での「非支配株主持分」になります。

　その結果、図表 1 − 4 −10が連結貸借対照表です。連結上の資産は、親会社資産①と子会社資産⑤を合計したものから親会社所有の子会社株式②を控除したものになります。負債は親会社③と子会社⑥を単純合計したものです。自己資本は親会社分④のみになります。そして、子会社自己資本のうちの親会社所有分の⑦は親会社の資産勘定にある子会社株式②と相殺されなく

図表 1 − 4 −10 連結貸借対照表

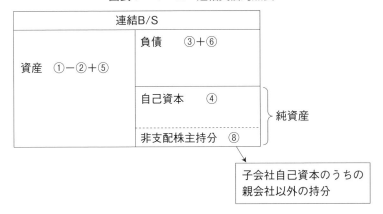

連結B/S	
資産 ①−②+⑤	負債 ③+⑥
	自己資本 ④
	非支配株主持分 ⑧

純資産

子会社自己資本のうちの
親会社以外の持分

なってしまいますから、親会社以外所有分⑧だけが連結上残ります。これが「非支配株主持分」です。

　図表 1 − 4 −10は連結開始時点の連結貸借対照表ですから、子会社の自己資本のうち連結上の自己資本にカウントされる部分はありませんが、連結が開始されると子会社の稼得利益のうちの相応の部分は連結上の自己資本になります。つまり、連結後、子会社が生んだ利益は、親会社が所有する分とそれ以外の持分とに按分され、それぞれ連結の自己資本、非支配株主持分に加算されていくことになります。

　この非支配株主持分は連結貸借対照表では、どのように考えたらよいのでしょう。個別の貸借対照表では、貸方の登場人物は会社に資金を提供する者として二人いました。負債として返済しなければならない債権者と、自己資本として表現される返済不要の株主です。

　非支配株主持分は子会社のうちの親会社以外の所有者の持分です。これは明らかに負債として登場する債権者ではありません。かといって、わが国では、連結決算を親会社の株主に対する報告とする親会社説に立っていますから、株主とも認められません。

　結局、非支配株主持分は債権者でも株主でもない第三の登場人物です。連

図表 1 － 4 －11　連結貸借対照表の純資産の内訳

純資産の項目	株主資本・自己資本・純資産		
Ⅰ　株主資本	株主資本	自己資本	純資産
Ⅱ　評価・換算差額等			
Ⅲ　新株予約権			
Ⅳ　非支配株主持分			

結貸借対照表の貸方の登場人物は個別とは違い三人いるのです。非支配株主持分は連結貸借対照表における表示としては負債ではないことから純資産に含められますが、株主財産としての自己資本からは除外されます（図表 1 － 4 －11）。

b　持分法による投資損益

「非支配株主持分」が子会社を連結するときに出てくる用語であるのに対し、「持分法による投資損益」とは関連会社を連結するときに出てくる用語です。

子会社は親会社に支配されていて、子会社は親会社の意のままに動く会社とみることができます。そのため、子会社を連結する手法である全部連結は子会社を親会社と一体とみなし、子会社の決算書は基本的にすべて連結決算に取り込まれます。つまり、子会社の収益・費用は連結損益計算書の収益・費用になり、子会社の資産・負債も連結貸借対照表の資産・負債として計上されます。これは子会社が親会社と一体とみなされているからこその処理です。

しかし、関連会社は親会社から影響力は受けるけれど、親会社に支配されているわけではありません。その事業を親会社とまったく同一とみなすわけにはいきません。子会社に比べると関係性の薄い関連会社について、その資産・負債、収益・費用を連結決算に取り込むのは適切ではありません。そこで採用されるのが持分法です。

全部連結では親会社の所有する子会社株式と入れ替える形で、子会社の資

産・負債を連結に取り込みました。しかし、持分法では関連会社の資産・負債を取り込むのではなく、親会社の所有する関連会社株式はそのまま生かします。関連会社の業績は親会社の所有する関連会社株式の価値に跳ね返ると考えます。

　株式の価値は株式を発行している会社の業績に応じて変わります。その会社が損益計算書で利益を計上すると、貸借対照表の自己資本が増加します。株式の価値はその会社の自己資本を反映して増減すると考えられます。

　たとえば、当初は自己資本の少ない会社の株式を取得したとします。株式取得後その会社が好業績をあげ自己資本を大きく増加させれば、当初取得時点では安かった株式の価値も向上しています。持分法ではそうした株式価値の変動を連結決算の関連会社株式に反映させます。

　繰り返しになりますが、関連会社は子会社のように親会社と完全に一体ではありませんから、子会社における全部連結のように、関連会社の収益と費用のすべてを連結に取り込むことはしません。関連会社の業績のうちの最終結果の親会社の持分相当額だけを連結に反映させます。つまり、関連会社の当期純利益に親会社の株式保有割合を掛けたものが、連結に貢献する関連会社の業績となります。

　この関連会社の収益貢献分は連結の営業外収益に「持分法による投資利益」として計上されます（図表1－4－12）。もし、関連会社の最終損益が赤字になると、「持分法による投資損失」として営業外費用に計上されます。

図表1－4－12　連結仕訳

① 関連会社に利益が出た場合

（借方）関連会社株式　×× 　　　　（資産の増加）	（貸方）持分法による投資利益　×× 　　　　（営業外収益）

② 関連会社に損失が出た場合

（借方）持分法による投資利益　×× 　　　　（営業外費用）	（貸方）関連会社株式　×× 　　　　（資産の減少）

したがって、関連会社の業績は営業利益には反映されず、経常利益から出てくることになります。

　連結貸借対照表は持分法投資損益に応じて関連会社株式が加減されることになります。

　このように関連会社に適用される持分法は、一種の株式の評価方法といえます。株式の評価方法といえば、時価評価がいちばんに頭に浮かぶと思います。時価評価はマーケット・プライスで評価する方法ですが、持分法はその会社の業績で評価するものです。関連会社の場合の持分法は、その関連会社が上場されマーケット・プライスがついていても、マーケット・プライスではなく、業績で評価することに注意してください。

c　全部連結と持分法の相違点

　ここで、子会社に適用される全部連結と、関連会社に適用される持分法の相違点について整理しておきます。

　連結決算においては、最終的に連結損益計算書の当期純利益と連結貸借対照表の自己資本が、全部連結と持分法でどのようになるかが重要です。

　親会社持分60％の会社を例に全部連結と持分法で連結したときの相違を検証してみましょう（親会社持分60％であれば子会社になり本来全部連結になりますが、ここでは比較のために仮に持分法で連結した場合として表現します）。

　図表1－4－13は親会社の持株比率60％であるとき、子会社として全部連結される場合(A)と、関連会社として持分法で取り込まれる場合(B)の、連結損益計算書の表現のされかたを示したものです。

(A)　全部連結の場合

　(A)は子会社に対して適用される全部連結の場合です。全部連結では子会社の損益計算書をそのままいったんすべて連結に取り込みます。したがって、図表1－4－13のように、子会社の売上高から当期純利益までは100％連結損益計算書に加算されます。もし、100％子会社であれば、子会社の損益計算書の最終結果である当期純利益を、そのまま連結損益計算書の当期純利益に加算してかまいません。しかし、この子会社は、親会社の持株比率は60％

図表1－4－13　連結損益計算書における全部連結と持分法の表示

（親会社持分60％）

連結損益計算書	(A)　全部連結	(B)　持分法
売上高	100％	0％
売上原価	100％	0％
売上総利益	100％	0％
販売費及び一般管理費	100％	0％
営業利益	100％	0％
営業外損益 （持分法による投資損益）	100％	60％ （60％）
経常利益	100％	60％
特別損益	100％	0％
税引前当期純利益	100％	60％
法人税等	100％	0％
当期純利益	100％	60％
非支配株主に帰属する当期純利益	40％	―
親会社株主に帰属する当期純利益	60％	60％

であり、残りの40％の株式は非支配株主が所有しています。そこで、当期純利益を二つに分割し、当期純利益のうち40％は「非支配株主に帰属する当期純利益」、60％は「親会社に帰属する当期純利益」として表示します。

(B)　持分法の場合

　次は関連会社に適用される持分法です。子会社は親子会社一体の原則から、子会社の全体を連結に取り込む必要がありますが、関連会社の場合は、そこまでする必要性は乏しく、最後の親会社に帰属する当期純利益さえ正確に表示できればよいだろうと考えます。

　そこで、(B)の持分法では損益計算書の途中経過はいっさい無視します。連結損益計算書の目的がグループ企業の適正な当期純利益の算出にあるとする

なら、関連会社の最終損益だけに着目すればよいと考えます。そこで、関連会社の最終損益である当期純利益の60％分だけを連結損益計算書の営業外損益に「持分法による投資利益」として最初から加算します。そうすれば、全部連結のような複雑な操作をしなくても、「親会社に帰属する当期純利益」においてどちらも同じ結果が得られることになります。

たしかに、以上の計算の最終ラインをみれば、全部連結も持分法も同じ結論が得られます。しかし、決算書は最終ラインだけをみるものではありません。売上高や途中の利益も会社を判断するうえで重要な要素です。その重要な要素が連結方法の違いによりまったく違った形で出てくることの理解が大切です。

子会社になると、親会社の持分が60％でも売上高、営業利益、経常利益などは100％子会社と同様に加算されていきます。持分に比べれば過大に売上高、営業利益、経常利益が表現されているといえます。逆に持分法になると売上高や営業利益はまったく表現されておらず、経常利益から親会社持分に相当する利益が表現されることになります。

このように100％持分ではない子会社の全部連結は売上高や営業利益が過大に表示されることに注意してください。

d のれん

「のれん」は連結決算では不可欠の概念です。のれんの金額及びその償却は決算書だけではなく、M&A戦略にも大きな影響を与えます。

のれんとは、他の企業を合併や買収して、グループ化したときに発生します。以下では、株式を買収してグループ化したときに生じる「のれん」について説明します。

株式の価格は他の商品と同様に需要と供給の一致する点で決まります。どんなに帳簿上の自己資本が少ない会社であっても、その会社の株式を買いたいという人が多くいれば、株式の売買価格は上がります。逆に決算書上の自己資本がいくら多くても、買いたい人が少なければ、株式の売買価格は下がります。

株式の需給関係は、上場株式なら株価（市場価格）として表示されます。したがって、上場株式は株価をベースに売買価格を決定します。

　非上場株式は市場価格がありませんから別途計算し、その計算結果をベースに売手と買手が交渉し決めることになります。計算方法は一律に決められているわけではありません。計算に際して第一に考えるべきことは、購入者が株式投入のために投下した資金を回収できるのかということになりますから、会社が稼げる将来キャッシュがポイントになります。

　会社の現在の状況と事業計画から、会社の将来キャッシュフローを計算します。ただ、将来キャッシュは現在のキャッシュと等価ではありません。現在株式を購入するための1万円はここにあるキャッシュです。しかし、計算で求めた1年後の1万円は、実際にその金額になるかどうかは不確実な金額です。したがって、1年後の1万円を現在の1万円と比べるときには、一定の割引率で割り引く必要があります。その割引率は期間が長くなるほど大きくなります。こうして集計した金額を「将来キャッシュフローの現在価値」といいます。この金額が非上場株式の価格算定のときの最も重要な要素とするのが普通です。もちろんこれだけではなく、現在の純資産の状態やブランド力、技術力等その他の状況を加味して、売手と買手の折合いのつくところで価格が決まります（図表1－4－14）。

　もっとも、上場会社のマーケット・プライスにしろ、非上場会社の将来

図表1－4－14　株式の売買価格の決定

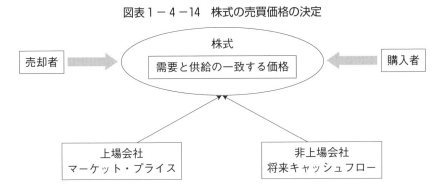

図表 1 － 4 －15　のれん

キャッシュフローの現在価値にしろ、どちらにしても、株式の売買価額が買収される会社の帳簿上の自己資本に一致する保証はありません。ほとんどが違う金額になります。この株式の買収価額と買収される会社の自己資本の差額がのれんになります（図表 1 － 4 －15）。

のれんは、わかりにくい概念ですが、大型のM&Aが頻発する近年の企業会計ではきわめて重要な事項です。連結決算にのれんが出てきた場合には、その意味を正しく理解しておかなければなりません。

会社を単なる実物のある資産と返済すべき負債のかたまりとみれば、のれんは発生しません。M&Aで会社を取得しても、それは必ず普通の土地・建物・借入金といった通常見慣れた資産・負債として貸借対照表に計上されるからです。

しかし、会社は売却のために資産・負債を保有しているわけではなく、収益獲得のために保有しています。収益獲得能力こそ会社の真の実力です。会社の買収とは単に所有する資産・負債を購入することではなく、会社の収益獲得能力を評価して、株式を買い取ることになります。その株式買収価額が、買収される会社の自己資本額を超過した金額がのれんになります。それが、のれんが「超過収益力」であると表現される理由です。

たとえば、図表 1 － 4 －16のA社とB社はまったく同じ金額の資産と負債をもっています（資産に含み損益はありません）。その結果、当然ですが自己資本も同じになります。

さて、ここで別の会社がA社とB社の株式全部を買収するとします。も

図表1－4－16　異なるのれん金額

```
┌─────────────────────────┐
│          A社B/S          │
├───────────┬─────────────┤
│ 資産  500 │ 負債    300 │
│           │             │
│           │             │
│           ├─────────────┤
│           │ 自己資本 200 │
└───────────┴─────────────┘
```
➡ A社株式100％の買収価額500

　のれん：買収価額500－自己資本200＝300

```
┌─────────────────────────┐
│          B社B/S          │
├───────────┬─────────────┤
│ 資産  500 │ 負債    300 │
│           │             │
│           │             │
│           ├─────────────┤
│           │ 自己資本 200 │
└───────────┴─────────────┘
```
➡ B社株式100％の買収価額300

　のれん：買収価額300－自己資本200＝100

し、その会社がA社とB社が所有する資産・負債だけがほしいなら、買収価額は両社とも自己資本の200で同じになるはずです。

　しかし、先ほど述べたとおり、会社の買収は所有している資産・負債だけを目的としているわけではありません。会社トータルとしての収益力の獲得を目指します。会社を買収すれば、所有する資産や負債だけでなく、そこに働く従業員や取引先も一緒に移動します。A社はB社に比べて従業員が優秀で高い収益力をあげているとすれば、A社の株式買収価額はB社より高くなります。たとえば、B社株式の買収価額が300でA社株式の買収価額が500ということになったとします。帳簿上同じ資産・負債をもっていても、買収価額は違ってくるわけです。この差は両社の収益獲得能力の差ということになります。

　帳簿上の自己資本額を超える買収価額は、土地や建物といった実物資産として貸借対照表に計上できません。帳簿上の自己資本額200を超える株式の買収価額、つまりA社では300、B社では100がのれんということになります。

図表1－4－17　個別貸借対照表（正ののれん）

図表1－4－18　連結仕訳（正ののれん）

① 子会社の資産・負債を連結

（借方）資産　500	（貸方）負債　　　300
	自己資本　200

② 親会社所有の子会社株式と子会社自己資本を相殺

（借方）自己資本　200	（貸方）子会社株式　300
のれん　　100	

　前述したように、株式の買収価額は上場会社ではマーケット・プライス、非上場会社では将来キャッシュフローの現在価値などを基準にして決まります。そのように決まった価額は買収対象会社の自己資本額を上回ることも、下回ることもあります。

　上回る場合と下回る場合で会計処理がどのように違うのか、図表1－4－17でみてみましょう。

　A社がB社を買収するとします。B社の貸借対照表は、資産500、負債300で、帳簿上の自己資本は200です。A社はB社の株式の100％を買い取ります。その買収価額が300だったとします。すると、図表1－4－17のように、親会社A社の貸借対照表の資産には子会社株式として300が計上されます。さて、これで親会社A社の連結決算を作ります。

　A社はB社株式の100％を所有していますから、全部連結します。子会社の資産・負債はすべて連結に取り込みます（図表1－4－18の①）。しかし、

図表1－4－19　連結貸借対照表（正ののれん）

A社連結B/S	
資産　1,300	負債　900
	自己資本　400 （親会社分400）
のれん　100	

図表1－4－20　個別貸借対照表（負ののれん）

親会社A社B/S	
資産　1,000	負債　600
	自己資本　400
子会社株式100	

子会社B社B/S	
資産　500	負債　300
	自己資本　200

　連結開始時点の子会社の自己資本は親会社株式と相殺しなければなりません。その相殺の仕訳が図表1－4－18の②です。子会社の帳簿上の自己資本200に対し、相殺の対象となる親会社が所有する子会社株式は300ですから、相殺しきれない子会社株式（株式買収額）100が借方に残ります。これが正ののれんになります。その結果、連結貸借対照表は図表1－4－19のようになります。のれんは貸借対照表の固定資産に計上され、建物等の有形固定資産の減価償却と同様に定期償却を行います（のれんの償却については後述します）。

　株式の買収価額は買収される会社の自己資本額を上回るのが通常ですから、のれんは図表1－4－19のように連結貸借対照表の資産に出てくるのが普通です。しかし、まれですが、のれんが負債に出てくることもあります。

　先ほどと同様に、A社がB社の株式を買収するとします。図表1－4－17

図表 1 − 4 −21　連結仕訳（負ののれん）

① 子会社の資産・負債を連結

（借方）資産　500	（貸方）負債　　　300
	自己資本　200

② 親会社所有の子会社株式と子会社自己資本を相殺

（借方）自己資本　200	（貸方）子会社株式　100
	のれん　　　100

③ のれん処理

（借方）のれん　100	（貸方）負ののれん発生益　100
	（特別利益）

では株式の買収価額が300でしたが、今度は図表 1 − 4 −20のようにＢ社の株式買収価額が100だったとします。つまり、買収対象会社Ｂ社の帳簿上の自己資本200より安い価格で株式を購入できたことになります。そこで、連結貸借対照表をつくります。

　まず、図表 1 − 4 −21の①のように子会社となるＢ社の資産、負債を全部取り込みます。次に、親会社所有の子会社株式と子会社の自己資本を相殺すると、図表 1 − 4 −21の②にあるように、のれんは貸方に出てくることになります。こうしたのれんを「負ののれん」といいます。

　負ののれんは、正ののれんとは違い定期償却により利益を分割するのではなく、図表 1 − 4 −21の③のように、負ののれんが発生した年度に、一括して利益計上します。この利益は連結損益計算書の特別利益に計上されます。その分、連結貸借対照表の自己資本が増えることになります（図表 1 − 4 −22）。

　さて、前述したように、正ののれんは貸借対照表の固定資産に計上されます。固定資産には減価償却する資産としない資産があります。使用しても価値の減らない土地のような資産は減価償却の必要はありませんが、建物や機械のように使用に伴い徐々に価値が減少する資産は減価償却が必要です。

図表1－4－22　連結貸借対照表（負ののれん）

連結B/S	
資産　1,400	負債　900
	自己資本　500 （親会社分　400） （負ののれん発生益100）

　では、のれんはどちらなのでしょう。のれんは超過収益力と表現されますが、超過収益力とは時間の経過に伴い価値が減るのでしょうか、あるいは減らないのでしょうか。何百年も続いた老舗ののれんであれば、価値は減らないような気がしますし、単なる新製品効果といったのれんであれば、その超過収益力はいずれ減退するようにも思えます。

　こうした対立した思想から、のれんの償却については二つの考え方があります。一つはのれんの永続性を一応認め定期償却はせず、実際にのれんの原因たる超過収益力がなくなった時に、一気に全額を減損として落とすというものであり、もう一つはのれんの永続性は保証されたものではなく、いずれはなくなると考え、固定資産の減価償却と同様に何年かにわたって定期償却を行うという方法です（図表1－4－23）。

　米国会計基準やIFRS（国際会計基準）では定期償却はしません。したがって、買収した子会社の収益力が続く限り、のれんは継続的に計上されます。しかし、その子会社の収益力が落ち、のれんの価値がなくなると認められる場合には減損として一括償却をしなければなりません（図表1－4－23の①）。

　一方、日本では後者の定期償却を行う会計基準を採用しています。償却期間は20年を最長期間として、その効果の及ぶ期間内に定額で償却していきます。ただし、その期間内において超過収益力がなくなったと認められるときには減損処理を行わなければなりません。定期償却によるのれん償却額は連結損益計算書の「販売費及び一般管理費」で、減損の一時償却は「特別損

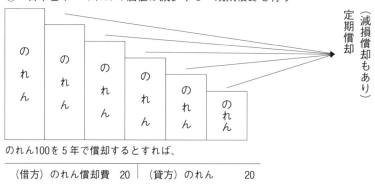

図表 1 － 4 －23　のれんの償却

① 　IFRS、米国基準…のれんの価値は減少しない…規則償却を行わない

減損償却のみ
定期償却なし

の れ ん	の れ ん	の れ ん	の れ ん	の れ ん

（注）　減損に該当すれば、一括償却を行う

② 　日本基準…のれんの価値は減少する…規則償却を行う

定期償却
（減損償却もあり）

のれん100を 5 年で償却するとすれば、

（借方）のれん償却費　20　｜　（貸方）のれん　　　　　20

失」で落とします。

　前述したとおり、貸方に発生する負ののれんは以前は固定負債に計上し、定期償却を行っていましたが、2010年より「負ののれん発生益」として発生した年度に一括して利益計上されることになりました。

　このれんの償却方法の違いは、IFRSと日本の会計基準の大きな相違点の一つです。近年、国内外を問わず、大型のM&Aが活発に行われるようになり、のれん金額も巨大化する傾向にあります。したがって、のれんの償却方法の違いは連結損益に大きな影響を与えます。

　たとえば、前項と同様に100ののれんが発生したとします。この会社が日本基準を採用し、5 年で償却するとすれば、のれん償却費20を販売費及び一

般管理費に５年間計上し続けなければなりません（図表１－４－23の②）。一方、IFRSや米国会計基準ではのれん償却費は発生しませんから、日本基準を採用すれば、その分だけ、連結決算上の利益が減少することになります。

定期償却をすれば、その分利益は減りますから、償却をしないIFRSに比べ、日本の会計基準は企業に厳しいといわれていますが、どちらが厳しいかは一概には決められません。

定期償却の場合は、少なくとも買収当初はのれんに見合う収益力はあるはずですから、利益が減るとしても、のれんの償却負担に耐えられるでしょう。そうして償却が進み、償却期間が終われば貸借対照表からのれんの金額はなくなってしまいますから、以後は減損の恐怖から解放されます。しかし、定期償却がなく減損だけだとすると、当面の費用負担はなくなりますが、収益力が落ちたときの減損の恐怖に、いつまでも脅えなければなりません。どちらの会計基準が厳しいかは考え方しだいでしょう。

(4)　連結決算書の様式

本節の最後に、連結決算の様式について概観しておきます。

a　連結貸借対照表

図表１－４－24は連結貸借対照表のひな型です。基本的には個別の貸借対照表構成と同じです。以下では連結特有の項目について説明します。

・資産、負債の総額

親会社の資産、負債はいうまでもなく連結貸借対照表の資産、負債を構成します。そして、子会社の資産、負債も連結貸借対照表に含まれます。親会社の出資比率にかかわらず、子会社に該当すると、子会社の資産、負債は100％連結貸借対照表に合算されます。親会社の出資比率の差は、後述する純資産の非支配株主持分で調整します。

一方、関連会社は資産、負債は合算せず、後で説明する投資有価証券勘定で表現されます。

・のれん

図表 1 － 4 －24　連結貸借対照表における連結特有な事項

連結貸借対照表			
	連結特有		連結特有
〈資産の部〉 1　流動資産 2　固定資産	子会社資産100％加算	〈負債の部〉 1　流動負債 2　固定負債	子会社負債100％加算
（1）　有形固定資産 （2）　無形固定資産 　　　のれん （3）　投資その他の資産 　　　投資有価証券	将来の利益減少要因 子会社株式は含まない 関連会社株式は含む	〈純資産の部〉 1　株主資本 　　資本金 　　資本剰余金 　　利益剰余金 　　自己株式 2　その他の包括利 　　益累計額 　　その他有価証券 　　評価差額金 　　繰延ヘッジ損益 　　土地再評価差額金 　　為替換算調整勘定 　　退職給付に関する調整累計額 3　新株予約権 4　非支配株主持分	 海外子会社との調整 子会社の親会社以外の持分

　のれんには正ののれんと負ののれんがあります。圧倒的に多いのは正ののれんです。正ののれんは買収対象会社の自己資本より高い価格で、その会社の株式を取得し子会社にしたときに発生します。株式の買収価額と子会社の自己資本額との差額がのれんとして、固定資産のなかの無形固定資産に計上されます。

　(3)でみたとおり、日本の現在の会計基準では、のれんは20年以内の所定の期間で定期償却しなければなりません（米国会計基準またはIFRS（国際会計基準）では定期償却はなく、価値が減少したと認められる場合の減損償却のみとなります）。つまり、日本基準の会社では、無形固定資産にのれんがあれば、必ずこれからの連結損益計算書に費用が発生します。したがって、資産にあるのれんは将来の連結損益計算書の利益を圧迫することになります。特に大

きな金額でのれんがあるときは、その償却期間と償却金額を把握しておくと、その後の連結決算の損益を予想するときに便利です。

・関係会社株式（子会社株式、関連会社株式）

　親会社個別貸借対照表には、子会社株式も関連会社株式も両方とも掲載されています。一方、連結貸借対照表には関連会社株式はありますが、子会社株式はありません。なぜなら、親会社個別貸借対照表にある子会社株式は、連結貸借対照表上では子会社の資産・負債を取り込んで相殺されてなくなっているからです。子会社の状況は子会社株式という形ではなく、子会社の資産・負債という直接的な形で表現されます。

　一方、関連会社株式は連結貸借対照表の固定資産の投資有価証券に含まれています。ただし、個別と連結ではその数字は異なっています。というのは、個別は原則として取得原価のまま表示しているのに対して、連結では関連会社の損益状況を反映させる形で金額が増減しているからです。

・その他の包括利益累計額

　個別貸借対照表における「評価・換算差額等」は、連結では「その他の包括利益累計額」になります。

・為替換算調整勘定

　海外子会社を連結すると、勘定科目間の換算レートの違いにより為替換算調整勘定が発生します。為替換算調整勘定はその他の包括利益累計額の一項目となります。

・非支配株主持分

　子会社株式の大半は親会社が所有していますが、親会社以外の所有分を非支配株主持分といいます。前述したように子会社の資産・負債は100％連結貸借対照表に加算されていますので、子会社の親会社以外の持分を控除しないと、親会社の実質的な持分を正確に表現できません。そこで、この非支配株主持分で親会社以外の持分を表示します。

　非支配株主持分は貸借対照表の負債ではありませんので、純資産として表示されます。しかし、自己資本としてはカウントされないことに注意してく

ださい。

b　連結損益計算書

　連結損益計算書の構成は基本的には個別の損益計算書と同じですが、連結損益計算書には図表1－4－25のような連結特有の特徴と留意点があります。

・売上高、売上原価、売上総利益

　親会社の持分が100％でなくても、子会社に該当すれば、売上高及び売上

図表1－4－25　連結損益計算書

連結損益計算書	連結特有の留意点
売上高	子会社売上高100％加算
売上原価	子会社原価100％加算
売上総利益	子会社利益100％加算
販売費及び一般管理費	のれん償却額（定期償却）
営業利益	
営業外収益	持分法による投資利益…関連会社利益
営業外費用	持分法による投資損失…関連会社損失
経常利益	
特別利益	負ののれん発生益
特別損失	のれん償却額（減損） 持分法による投資損失（減損）
税引前当期純利益	
法人税等	
法人税等調整額	
当期純利益	親子会社トータルの当期純利益
非支配株主に帰属する当期純利益	子会社株主のうちの非支配株主に帰属するもの
親会社株主に帰属する当期純利益	親会社株主に帰属するもの

原価は子会社分すべてが連結の売上高、売上原価になります。したがって、売上総利益は子会社分の100％が連結損益計算書に取り込まれることになります。子会社の株主に親会社以外の持分（非支配株主）がある場合は、後述する当期純利益のもとで利益が調整されます。

　また、親子会社あるいは子会社間取引があれば、その分は相殺消去されます。

・販売費及び一般管理費

　連結貸借対照表にのれんが計上され、かつ定期償却する場合は、販売費及び一般管理費に「のれん償却額」が計上されます。

・営業外損益

　持分法が適用される関連会社がトータルで最終利益があれば、最終利益の親会社持分相当額が「持分法による投資利益」として営業外収益に計上されます。反対に関連会社がトータルで最終損失になると「持分法による投資損失」が営業外費用に計上されます。

・特別損益

　負ののれんが発生する場合、買収時に一括して「負ののれん発生益」が特別利益に計上されます。子会社や関連会社の収益が大きく悪化して、子会社や関連会社の実質価値が毀損したときには、のれんや投資有価証券勘定を減額しなければなりません。そのときの減損損失は特別損失で計上します。

・当期純利益、非支配株主に帰属する当期純利益、親会社株主に帰属する当
　期純利益

　連結損益計算書で表示される当期純利益は親会社と子会社トータルのものです。すべての子会社が親会社の出資比率100％であれば、この当期純利益がそのまま親会社株主に帰属する当期純利益になります。しかし、親会社の出資比率が100％未満の子会社がある場合には、この当期純利益を親会社に帰属する分と、親会社以外の非支配株主に帰属する分とに分離して表示することになります。それが「非支配株主に帰属する当期純利益」と「親会社に帰属する当期純利益」になります。

c　連結包括利益計算書

　個別決算では当期純利益が最終利益となりますが、国際会計基準との整合性を図るために、連結決算において新たな利益概念として「包括利益」が導入されました（2012年3月期以降本格適用）。そのため、連結では個別にはない連結包括利益計算書（図表1−4−26）を作成します。

　包括利益とは、当期純利益に損益計算書の外で時価評価される資産・負債の評価損益を加減したものです。資産・負債の評価損益の代表的なものは、図表1−4−26にあるとおり、「その他有価証券評価差額金」「為替換算調整勘定」「退職給付に係る調整額」になります。事業活動の最終結果は当期純利益、当期純利益に時価評価される資産・負債の評価損益を加えた利益を「包括利益」として表示します。

　包括利益も親会社株主に係る分と非支配株主に係る分に分割して、内訳表示します。

図表1−4−26　連結包括利益計算書

連結包括利益計算書	連結特有の留意点
当期純利益	連結損益計算書の当期純利益
その他の包括利益	連結損益計算書の外の評価損益
その他有価証券評価差額金	
為替換算調整勘定	
退職給付に係る調整額	
その他の包括利益合計	
包括利益	事業活動の結果に評価損益を加えたもの
（内訳）	
親会社株主に係る包括利益	親会社株主に帰属するもの
非支配株主に係る包括利益	子会社株主のうちの非支配株主に帰属するもの

第 2 章

決 算 分 析

第 1 節

資 金 分 析

〈事例7〉 資金分析の重要性

新入行員：資金分析はなぜ必要なのですか。

先輩行員：日々の経営で最も重要なのはキャッシュ、すなわち資金だからだ。銀行の融資もキャッシュがなければ返済できない。だから、銀行員が会社をみるときには資金がどのように動いたかに注目する必要があるんだ。

新入行員：資金が重要だということはわかるのですが、実務では資金分析はどのように行えばよいのですか。決算書のどこをみればよいのですか。

先輩行員：資金分析についての決算書の見方は、会社の形態により二つに分かれる。上場会社は資金の流れを説明するキャッシュフロー計算書の作成が法定されているから、キャッシュフロー計算書を分析することになる。しかし、非上場会社はキャッシュフロー計算書の作成を義務づけられていないから、銀行が簡易的なキャッシュフロー計算書を作成して、資金分析を行うことになる。

(1) 資金分析がなぜ必要か

企業活動の最終目標は株主財産の増加であり、そのためには利益をあげなければなりません。その関係を最もよく表現できるのは貸借対照表及び損益計算書です。損益計算書の最終利益が株主財産を表現する貸借対照表の自己資本の増加につながります。

決算書が利益及びその結果である株主財産の状況だけの表示だとすれば、貸借対照表及び損益計算書をみていればよいことになります。株主という立場で会社と利害関係を保有しているなら、利益及び株主財産の動向がいちばんの注目点になります。しかし、銀行は株主ではなく、資金を融資している債権者です。債権者は株主とは違った立場で会社を分析する必要があります。

株主にとって最も重要なことは利益をできるだけ計上し、株主財産を大きくすることですが、債権者が最重要視しなければならないのは元本・利息の確実な回収です。つまり、融資している会社がつぶれないことが最も重要です。会社がつぶれるかつぶれないかを決めるのは、利益ではなく資金（キャッシュ）です。だから、銀行員にとって資金分析が重要なのです。

利益がどのくらいあり、どのような要因で生まれたかは損益計算書を、自己資本がどのくらい増加し、裏付けとなる資産は何かということは貸借対照表をみればわかります。むろん、こうしたことは重要ですが、銀行員は決算書を取引先からもらったとき、それだけにとどまっていてはいけません。銀行員であれば、その裏で資金がどのように動いたかという視点で決算書を読み取らなければなりません。

(2) 資金使途の明確化

企業経営において資金は不可欠です。足りなくなった資金を融資するのが銀行の役割です。しかし、「資金が足りなくなったので貸してください」といわれ、「はい、そうですか」というわけにはいきません。なぜ資金が必要なのかということを、具体的に説明することが必要です。銀行が融資をする

ときには会社の資金の状況と融資する資金の性格とを認識しておかなければなりません。そうでないと、資金の円滑な回収は不可能です。

　資金の性格をつかむことは銀行だけでなく、会社側にも必要なことです。中小企業ではそのあたりが明確になっていない会社も多いと思います。それは会社の発展・継続にとって致命的な欠陥になりえます。そうした会社に取引銀行として資金の流れと性格を指導していくことも必要なことです。

(3)　資金分析の二つの方法

　そこで資金分析の方法です。資金分析手法は上場会社を中心とした大企業とそれ以外の会社とで違ってきます。以前は決算書といえば損益計算書、貸借対照表が中心でした。損益計算書、貸借対照表があれば会社の利益の状況はわかります。しかし、先ほど説明したように会社にとっては資金の流れ（キャッシュフロー）が非常に重要ですので、キャッシュフローを専門に説明する計算書が必要だということになりました。そこで、公認会計士監査の入る上場会社では損益計算書、貸借対照表に加えてキャッシュフロー計算書の作成が義務づけられています。したがって、上場会社は会社自身が作成したキャッシュフロー計算書で資金分析を行うことができます。キャッシュフロー計算書の見方については後ほど説明しますが、この計算書は会社の1年間の資金がどのように獲得され、何に使われ、結果としての資金過不足をどのように調整したかがわかるようになっています。

　ところが、非上場会社ではキャッシュフロー計算書の作成は義務づけられていません。会社が資金の流れを説明する計算書をつくらないのですから、会社から提出された損益計算書、貸借対照表、株主資本等変動計算書から資金の流れを解読する説明資料を銀行側で作成しなければなりません。かつては「資金運用表」といったものを作成していたのですが、最近は簡易的なキャッシュフロー計算書を作成することが多くなっています。

　本節ではキャッシュの流れを理解するために、キャッシュフロー計算書の見方等を解説していきます。

〈事例8〉 キャッシュフロー計算書の概要

新入行員：キャッシュフロー計算書はどのようにみればよいですか。

先輩行員：キャッシュフロー計算書はキャッシュをどのように獲得し、何に使い、過不足をどのように調整したかを表現している。営業活動によるキャッシュフローは本業でどれだけ収益を獲得できたかを、投資活動によるキャッシュフローは成長のためにどのように投資したかを、財務活動によるキャッシュフローはキャッシュの過不足をどのように調整したかを示しているんだ。

新入行員：E社のキャッシュフロー計算書（図表2－1－1）から当期のキャッシュの流れをどのように説明できるのですか。

先輩行員：営業活動によるキャッシュフローで470の黒字だから、本業でのキャッシュ獲得は順調だ。投資活動では630のマイナスだから、本業で稼いだキャッシュ以上の投資を行っていて、資金調達をしなければならなくなっている。財務活動によるキャッシュをみると、資金調達は長期借入金を中心に無理なく行っていると考えられる。

新入行員：この会社に対する融資はどのように考えたらよいですか。

先輩行員：本業できちんとキャッシュを生み、前向きな投資でキャッシュを使っているのだから、設備資金を中心に前向きに対応できると思う。

キャッシュフロー計算書は三つの区分で表示されます。

(1) 営業活動によるキャッシュフロー

営業活動によるキャッシュフローは本業でのキャッシュフロー獲得額を表

図表２－１－１　Ｅ社のキャッシュフロー計算書

	前期	当期
Ⅰ　営業活動によるキャッシュフロー		
税引前当期純利益	280	320
減価償却費	300	370
減損損失	0	200
貸倒引当金の増加額	30	10
退職給付引当金の増加額	20	40
受取利息及び受取配当金	△40	△50
支払利息	90	100
売上債権の増減額	△80	△100
棚卸資産の増減額	△150	△200
仕入債務の増減額	80	60
その他の流動資産の増減額	10	△20
未払費用の増減額	10	20
その他の流動負債の増減額	△60	△50
小　計	490	700
利息及び配当金の受取額	50	40
利息の支払額	△100	△120
法人税等の支払額	△120	△150
〈営業活動によるキャッシュフロー〉	320	470
Ⅱ　投資活動によるキャッシュフロー		
有形固定資産の取得による支出	△300	△530
有形固定資産の売却による収入	50	100
投資有価証券の取得による支出	△100	△400
投資有価証券の売却による収入	0	200
〈投資活動によるキャッシュフロー〉	△350	△630
Ⅲ　財務活動によるキャッシュフロー		
短期借入金の純増額	50	100
長期借入による収入	200	300
長期借入金の返済による支出	△100	△100
配当金の支払額	△50	△100
〈財務活動によるキャッシュフロー〉	100	200
現金及び現金同等物の増減額	70	40
現金及び現金同等物の期首残高	620	690
現金及び現金同等物の期末残高	690	730

示します。本業による利益は損益計算書で示されています。しかし、損益計算書の利益はキャッシュの出入りとは直接関係なく発生主義により計算しますから、利益とキャッシュとが一致しません。キャッシュフロー計算書では、損益計算書の税引前当期純利益（連結の場合は税金等調整前当期純利益）をベースにキャッシュフローと利益の違いを調整していきます。

　たとえば、商品を納入し売上げになり利益は計上ずみだが、売上代金がまだ入金されていないというような場合です。会計上は利益と認識したものの、キャッシュとしてはまだ入金せず、貸借対照表の現金が増えずに売掛金が増えています。この場合はキャッシュフローは利益より少なくなりますから、売掛金の増加分を税引前当期純利益から減算します。また、減価償却費は会計上は費用ですが、キャッシュとしては流出していません。減価償却費の計上により利益は減少していますが、貸借対照表の現金は減っていません。この場合は税引前当期純利益に減価償却分を加算することになります。

(2)　投資活動によるキャッシュフロー

　企業は成長するためには投資しなければなりません。どこに投資をしているかを表示するのが投資活動によるキャッシュフローです。自分の会社内で成長しようとすれば、土地・建物・機械といった有形固定資産に投資をすることになります。一方、M&Aで他社を購入することにより成長しようとすれば、子会社株式や投資有価証券が増加します。

　企業は拡大するばかりではありません。場合によっては撤退が必要なときもあります。そのときは固定資産や、子会社株式、投資有価証券などを売却して資金を回収することになります。

(3)　財務活動によるキャッシュフロー

　営業活動によるキャッシュフローや投資活動によるキャッシュフローの結果、資金が足りなくなったり、余剰になったりします。その最後の調整をするのが財務活動によるキャッシュフローです。資金の調整は借入金や社債、

株式などで行います。資金が足りなくなれば融資を受けたり、株式を発行したりします。余れば借入金を返済したり、自己株式を取得したりします。配当金の支払も財務活動によるキャッシュフローに含まれます。

　営業活動、投資活動、財務活動によるキャッシュフローの合計額が当期のキャッシュフローの増減額となります。「現金及び現金同等物」の期首残高に、この増減額を合計したものが「現金及び現金同等物」の期末残高として表示されます。

〈事例9〉　営業活動によるキャッシュフロー

新入行員：F社は営業活動によるキャッシュフローが前期、当期ともマイナスになっていますが、問題ないのでしょうか（図表2－1－2）。

先輩行員：営業活動によるキャッシュフローがマイナスというのは問題だね。F社は特に連続マイナスだからなおさらだ。

新入行員：前期は税引前当期純利益が赤字だから、営業活動によるキャッシュフローがマイナスというのはわかるのですが、当期は税引前当期純利益が黒字なのに、営業活動によるキャッシュフローがマイナスなのはなぜですか。

先輩行員：損益計算書上の損益は黒字にもかかわらず、営業活動によるキャッシュフローがマイナスの場合は、マイナスの原因を把握しておかなければならない。当期では売上債権と棚卸資産が増加したことで、キャッシュフローがマイナスになっている。

新入行員：売上債権、棚卸資産の増加で営業活動によるキャッシュフローがマイナスになることは悪いことなのですか。

先輩行員：それは一概にいえない。やむをえない場合もあるし、悪い場合もある。そこを見極めることが重要だ。

図表2-1-2　F社のキャッシュフロー計算書

	前期	当期
Ⅰ　営業活動によるキャッシュフロー		
税引前当期純利益	△300	150
減価償却費	50	80
減損損失	0	0
貸倒引当金の増加額	30	10
退職給付引当金の増加額	20	40
受取利息及び受取配当金	△40	△50
支払利息	90	100
売上債権の増減額	20	△100
棚卸資産の増減額	10	△300
仕入債務の増減額	80	60
その他の流動資産の増減額	10	△20
未払費用の増加額	10	20
その他の流動負債の増減額	△60	△50
小　計	△80	△60
利息及び配当金の受取額	50	40
利息の支払額	△100	△120
法人税等の支払額	0	△70
〈営業活動によるキャッシュフロー〉	△130	△210

(1)　損益計算書とキャッシュフロー計算書の関係

　営業活動によるキャッシュフローの説明に入る前に、損益とキャッシュフローとの相違について整理しておきます。ここでは資産を売却したときの貸借対照表、損益計算書とキャッシュフロー計算書との関係について説明します。

a　土地売却益と資金

　たとえば次のような貸借対照表と損益計算書があったとします（図表2-1-3、2-1-4）。

　この決算書から、次のようなことがわかります。貸借対照表では土地勘定

図表２－１－３　貸借対照表例

	前期	当期		前期	当期
⋮	⋮	⋮		⋮	⋮
土地	1,500	1,000	長期借入金	2,000	1,000
⋮	⋮	⋮		⋮	⋮
			利益剰余金	0	500

図表２－１－４　損益計算書例

	前期	当期
⋮	⋮	⋮
土地売却益	0	500
⋮	⋮	⋮
当期純利益	0	500

が1,500から1,000に500減少し、長期借入金が2,000から1,000に1,000減少しています。他方、損益計算書では土地売却益が500発生しています。この土地売却に伴い、損益と資金がどのように動いたか検証します（土地の移動は、この売却１件だけだったとします）。

　損益は明確です。損益計算書に計上された土地売却益500が土地売却に係る利益です。では、この土地売却でいくらの資金が入ってきて、その資金はどのように使われたのでしょうか。売却によって得た資金は貸借対照表及び損益計算書に直接的には記載されていませんから、計算することになります。売却代金と売却益と簿価との関係は次の算式のようになります。

　　売却代金－売却した土地の簿価＝土地売却益

　したがって、売却代金は以下の算式で求められることになります。

　　売却代金＝売却した土地の簿価＋土地売却益

　土地売却益は500ですから、売却した土地の簿価がわかれば売却代金が判明します。土地を売却すれば、貸借対照表の土地の価額が減少します。貸借対照表で土地の金額が500減少しているということは、土地の売却はこの１

図表2－1－5　キャッシュフロー計算書例

	当期
Ⅰ　営業活動によるキャッシュフロー　　　当期純利益	500
土地売却益	△500
〈営業活動によるキャッシュフロー〉	0
Ⅱ　投資活動によるキャッシュフロー　　　有形固定資産の売却による収入	1,000
〈投資活動によるキャッシュフロー〉	1,000
Ⅲ　財務活動によるキャッシュフロー　　　長期借入金の返済による支出	△1,000
〈財務活動によるキャッシュフロー〉	△1,000
現金及び現金同等物の増減額	0

件だけという前提ですから、売却した土地の簿価が500だったということになります。つまり、土地を売却したことによって会社が得た資金は1,000（＝500＋500）になります。この1,000の資金を使い、借入金を1,000返済したから、長期借入金が減少しているのです。これが土地売却に係る資金の動きになります。

　キャッシュフロー計算書では、この動きを図表2－1－5のように記述します。

　当期純利益が500出ていますが、これは土地売却による利益ですから、営業活動によるキャッシュフローからは除きます。土地売却による収入は投資活動によるキャッシュフローとして1,000計上されます。その1,000で財務活動によるキャッシュフローで長期借入金を返済したことになります。

b　土地売却損と資金

　今度は損失が出る場合です（図表2－1－6、2－1－7）。損益として損失が発生しても、資金は入ります。そのあたりのところを貸借対照表と損益計算書で検証します。

図表２－１－６　貸借対照表例

	前期	当期		前期	当期
⋮	⋮	⋮		⋮	⋮
土地	1,500	1,000	長期借入金	2,000	1,600
⋮	⋮	⋮		⋮	⋮
⋮	⋮	⋮	利益剰余金	0	△100

図表２－１－７　比較損益計算書例

	前期	当期
⋮	⋮	⋮
土地売却益	0	△100
⋮	⋮	⋮
当期純利益	0	△100

　貸借対照表の動きは、土地勘定が1,500から1,000に500減少し、長期借入金が2,000から1,600に400減少しています。損益計算書では、今度は土地売却損が100発生しています。土地売却に伴い、損益と資金がどのように動いたかをみます（土地の移動は、この売却１件だけだったとします）。

　損益は、損益計算書に計上された土地売却損100が土地売却に係る損失です。損失が出たということは、資金が流出したということではありません。売却しているのですから、売却代金は入金しています。売却代金を計算してみます。売却代金と売却損と簿価との関係は次のようになります。

　　売却した土地の簿価－売却代金＝土地売却損

　したがって、売却代金は以下の算式で求められます。

　　売却代金＝売却した土地の簿価－土地売却損

　土地売却損は100です。貸借対照表で土地の金額が500減少しているので、売却した土地の簿価は500だったということになります。つまり、土地を売却したことによって会社が得た資金は400（＝500－100）になるのです。会社はこの400の資金を使い、長期借入金を400返済したことになります。

図表 2 － 1 － 8　キャッシュフロー計算書例

	当期
Ⅰ　営業活動によるキャッシュフロー 　　当期純損失 　　土地売却損 〈営業活動によるキャッシュフロー〉	△100 100 0
Ⅱ　投資活動によるキャッシュフロー 　　有形固定資産の売却による収入 〈投資活動によるキャッシュフロー〉	400 400
Ⅲ　財務活動によるキャッシュフロー 　　長期借入金の返済による支出 〈財務活動によるキャッシュフロー〉	△400 △400
現金及び現金同等物の増減額	0

　以上の土地売却を反映したキャッシュフロー計算書を作成します（図表
2 － 1 － 8 ）。

　今度は土地売却損が生じていますから、その分は営業活動によるキャッ
シュフローから除きます。キャッシュフローとして動いたのは土地売却収入
の400ですから、その分投資活動によるキャッシュフローの入金があり、そ
の資金で長期借入金を返済したことがわかります。

(2)　本業の実力を表現

　営業活動によるキャッシュフローは、本業によるキャッシュの獲得状況を
表しています。投資活動でも財務活動でもキャッシュを増加させることはで
きます。しかし、そこで増加したキャッシュは一時的なものやいずれ返さな
ければならないものですから、企業の実力で生み出したキャッシュとはいえ
ません。営業活動によって獲得したキャッシュは企業本来の努力によるもの
ですから、企業が本当に自由に使えるキャッシュです。ここでどれほどの
キャッシュを獲得できたかが企業の真の実力といえます。逆の言い方をすれ

ば、営業活動でしか本当のキャッシュは生み出すことはできません。営業活動により生み出したキャッシュが今後の事業活動の基礎になります。ここで十分なキャッシュが生み出せれば、投資が活発に行えますが、貧弱なキャッシュしか生み出せないようであれば、ジリ貧になってしまいます。

　会計上の損益と営業キャッシュフローのプラス・マイナスとの間にはさまざまな要因があり、その相関関係を一律に表現することはできません。ただ、一般的にいえることは、会計上の損益は減価償却費を控除しています。営業キャッシュフロー上は少なくとも減価償却費は加算しますから、その分はプラスになります。

　会社の目的が将来キャッシュフローの最大化にあるという観点に立てば、営業活動によるキャッシュフローの成績が会社の本業の実力を表現しているといえます。

(3)　プラスでも問題

　営業活動によるキャッシュフローはプラスであるのが通常です。しかし、単にプラスであるからというだけで安心してはいけません。本業の内容は悪くても、営業活動によるキャッシュフローをプラスにすることは可能だからです。

　税引前当期純利益は赤字でも、売上債権や棚卸資産を減少させたり、仕入債務を増加させたりすれば、営業活動によるキャッシュフローをプラスにすることはできます。しかしこの状態は決して好ましいものではありません。税引前当期純利益の赤字は本業の不振を連想させます。本業不振による赤字資金の調達を売上債権の強引な回収、棚卸資産の安値販売で賄っている可能性があります。また、仕入債務の増加は仕入資金を従来どおり支払うことができず、仕入先に商品代金支払の引延ばしを要求した結果かもしれません。

　営業活動によるキャッシュフローのプラスが、税引前当期純利益の黒字を主因に発生している場合は健全だと判断できます。しかし、利益が赤字なのに営業活動によるキャッシュフローがプラスの場合は問題を内包している可

能性があります。特に売上債権、棚卸資産、仕入債務の動向が営業活動による キャッシュフローにどういう影響を与えるかに注意してください。

(4) マイナスの原因

会社は利益を生むために組織されたもので損失を出すことは異常であるのと同様の意味で、営業活動によるキャッシュフローがプラスになるのは当然のことで、マイナスになるのはおかしいと認識してください。営業キャッシュフローは本業の活動結果ですから、本業を行いながらキャッシュを失ってしまうようなら、営業を継続する意味がありません。

営業活動によるキャッシュフローは本業の活動結果です。本業でキャッシュを獲得し、そのキャッシュを投資に振り向けたり、株主に還元したりすることにより事業の継続が可能になるのです。本業でのキャッシュ獲得が会社の事業活動の基本です。

営業活動によるキャッシュフローのマイナスは危険です。ただ、やむをえずマイナスになる場合もないではありません。マイナスが危険信号としてのマイナスなのか、将来の事業継続のためのやむをえないマイナスなのかを識別しなければなりません。

a　本業の不振

営業活動によるキャッシュフローのマイナスの主因が税引前当期純利益の赤字であれば、原因は自明です。本業が不振だからです。本業不振の原因は損益計算書で解明しなければなりません。売上げが足りないからなのか、費用が多すぎるのか、あるいは財務体質が弱いせいなのか。どちらにしても本業を立て直すのは容易ではありませんから、その会社がどのような再建計画をもっているかを見極めなければなりません。

税引前当期純利益が黒字でも、本業が不振で営業活動によるキャッシュフローがマイナスになる場合があります。損益計算書の経常段階までは赤字を出していたが、固定資産売却等で特別利益を計上して、税引前当期純利益を黒字にした場合です。損益とキャッシュとの違いのところで説明したよう

に、固定資産売却に伴う資金の移動はキャッシュフロー計算書では投資活動によるキャッシュフローに含まれます。固定資産売却に係る特別利益は営業活動によるキャッシュフローでマイナスとして表示されますから、最終的に営業活動によるキャッシュフローがマイナスになるのです。この場合は、税引前当期純利益は黒字でも本業不振による営業活動によるキャッシュフローのマイナスとして分析しなければなりません。

b　売上債権の増加

ここからは、損益計算書の営業利益や経常利益は黒字だが、営業活動によるキャッシュフローはマイナスのケースです。最初は売掛金・受取手形等の売上債権が増加する場合です。

損益計算書で売上高を立て利益は計上したが、まだキャッシュとして回収できていないという状態です。売上げが急増するときは売上債権も増加します。しかし、それだけで安心してはいけません。売上債権の内容をみる必要があります。

売掛先が正常な会社で、単に売掛金の期日が来ないために支払がされていないのだとしたら、期日が来ればキャッシュとして回収できるのですから、問題はありません。問題なのは売掛先が業況不振である場合です。売掛先が売掛金を支払ってくれなければ貸倒損失になりますから、ここで計上した利益はなくなってしまいます。

また、会社が悪意で利益を計上しようとすれば、子会社等に強引に押しつけ販売をしているという可能性もあります。この場合も売掛金が増えますが、キャッシュとしての回収見込みはありません。このときの利益も見せかけの利益ということになります。

売上債権が増加しているときは、内容を確認しなければなりません。

c　棚卸資産（在庫）の増加

売上げが順調で、次の売上げに備えるために在庫を増加させているのであれば、正常です。問題なのは売上原価を圧縮し、見かけ上の利益を計上するために在庫を増加させている場合です。

売上原価は次の算式で計算されます。

　　期首在庫＋当期商品仕入高－期末在庫＝売上原価

したがって、期末在庫を増やせば売上原価は減少します。在庫の価値が取得時点より大幅に下がっているにもかかわらず、評価額を下げていないとか、もっと悪質なのは、本当は商品がないにもかかわらず帳簿上あることにしているとか、商品単価を上げて期末在庫金額をかさ上げしているような場合です。このような場合には、在庫にはそれだけの価値はないのですから、計上した利益は架空の利益ということになります。

　在庫増加で営業活動によるキャッシュフローがマイナスの場合は、在庫の中身をよく検証する必要があります。

d　仕入債務の減少

　支払手形・買掛金等の仕入債務が減少すれば営業活動によるキャッシュフローは減少します。仕入債務を増加すればキャッシュフローは楽になりますが、仕入額に金利が加算されますから、損益的にはマイナスになります。そうした金利支払の計算をした結果、手持資金や銀行借入で資金をつくり、仕入サイトを短縮したということであれば、かまいません。問題なのは、仕入先からのサイト短縮の要請です。こちらの仕入債務は仕入先からみれば売上債権です。先方からみれば、こちらの信用状態が悪化したと判断すれば、売上債権は圧縮しなければなりません。極端なケースは現金と引き換えでなければ、商品納入はしないということもあります。仕入債務の減少は資金繰りを厳しくします。

　仕入債務の減少を主因とする営業活動によるキャッシュフローのマイナスの場合も、その減少原因を把握しておく必要があります。

〈事例10〉　投資活動によるキャッシュフロー

　新入行員：G社は前期も当期も投資活動によるキャッシュフローはともにマイナスで資金流出しています（図表2－1－9）が、マイ

図表２－１－９　G社のキャッシュフロー計算書

	前期	当期
Ⅱ　投資活動によるキャッシュフロー		
有形固定資産の取得による支出	△500	△100
有形固定資産の売却による収入	100	0
有価証券の取得による支出	0	△800
有価証券の売却による収入	0	100
〈投資活動によるキャッシュフロー〉	△400	△800

　　　　　ナスであることは特段問題ないのですか。

先輩行員：投資活動によるキャッシュフローは投資に関するキャッシュ
　　　　　動向を示している。企業が成長をするためには投資が必要だ。
　　　　　投資をするということはキャッシュアウトすることだから、投
　　　　　資活動によるキャッシュフローがマイナスであることは全然問
　　　　　題ない。投資活動によるキャッシュフローでは投資の内容をみ
　　　　　ることが大切だ。

新入行員：前期と当期とでは投資活動の内容がまったく違うようです
　　　　　が、G社としてはどういう意図があるのでしょう。

先輩行員：前期は有形固定資産が増えているから工場や研究所などの内
　　　　　部投資を行い、当期は有価証券の取得を行っているからM&A
　　　　　に資金を使い成長を図ったということだ。

新入行員：投資活動によるキャッシュフローをみると、投資の方向性が
　　　　　わかるのですね。

(1)　プラスかマイナスか

　投資活動によるキャッシュフローは、会社がどのような投資に資金を振り
向けているか、あるいはどのような投資から資金を回収しているかを表現し
ています。投資は会社の将来を決定づけるものですから、投資活動による

キャッシュフローをみれば会社の将来戦略がわかります。

　最初に投資活動によるキャッシュフローがプラスかマイナスかに注目してください。営業活動によるキャッシュフローと違い、プラスもマイナスも両方ありえます。成長企業であれば、投資を継続しなければなりませんからマイナスになりますし、成熟企業であれば投資からの回収のほうが大きくなってプラスになることもあります。それは会社が現在到達しているステージと今後の経営戦略しだいといえます。ただ、一般論としていえば、営業活動によりキャッシュフローは生まれてきますし、会社は成長し続けるものですから、投資活動によるキャッシュフローはマイナスとなるのが普通です。

(2)　投資の方向性

　次に、投資の内容をみます。キャッシュを投下する資産には、固定資産、有価証券、貸付金などがあります。投資活動によるキャッシュフローから、会社が固定資産や有価証券にいくら投資したか、あるいは回収したかがわかります。キャッシュの使い方をみれば企業の方向性もわかります。

　工場や研究所、本社の新増設を行えば、「有形固定資産の取得による支出」がマイナスになります。内部投資で会社を成長させようという意図がうかがえます。内部投資は成長に時間がかかりますから、短期間に大きく成長しようと思えばM&Aを行うということが考えられます。この場合は「有価証券の取得による支出」が増加します。

(3)　投資からの回収

　投資ですから原則的にキャッシュは出ていきますが、過去に行った投資から回収することもあります。「有形固定資産の売却による収入」があれば、固定資産を売却してキャッシュを得たことになります。「有価証券の売却による収入」があれば、有価証券を売却してキャッシュを獲得していることを示しています。この場合前向きの回収なのか、後ろ向きの回収なのかに注意する必要があります。

前向きの回収とは、会社の将来の戦略から判断して投資を整理する目的で固定資産の売却を行うものです。いったんキャッシュを回収しますが、このキャッシュはまた新たな投資のために使うことになります。後ろ向きの回収とは、資金繰りのためにやむをえず固定資産を売却する場合です。営業活動によるキャッシュフローがマイナスであったり、財務活動によるキャッシュフローで思ったような資金調達ができなかったりしたために、やむをえず固定資産を売却してキャッシュをつくることもあります。あるいは損益計算書の赤字を埋めるために含み益のある資産を売却することもあります。このとき手にしたキャッシュは新たな投資に向かうことなく、営業活動の資金繰りや赤字資金として使われます。こうした場合はキャッシュが詰まってきていますから要注意です。

⑷　投資財源

　投資活動によるキャッシュフローがマイナスの場合は、投資の財源を確認します。投資財源としてありうるのは、営業活動によるキャッシュフローのプラスか、財務活動によるキャッシュフローでの資金調達か、手持現金預金の取崩しです。

　投資態度として堅実なのは営業活動によるキャッシュフローのプラスの範囲内で投資するという姿勢です。営業活動によるキャッシュフローは自らの本業で生み出したキャッシュフローです。このプラスの範囲内で投資している限り外部からの資金投入は不要ですから、財務体質は悪化しません。成熟企業はこのパターンが多くなります。ところが、営業活動によるキャッシュフローのプラスを超えて投資すれば、財務活動により資金を調達しなければなりません。

　営業活動によるキャッシュフローのプラスの範囲内に投資を抑えるというのは堅実ですが、いつもこの姿勢が正しいとは限りません。成長企業であれば現在の営業によるキャッシュフローの獲得より投資のほうが大きくなるのは当然だからです。投資についてあまりに保守的姿勢に終始すると、せっか

くの投資機会を逃すことになりかねません。つまり、会社がどういう成長段階にあるかで投資財源は変わってよいのであり、堅実なことが常に正しいとは限りません。

(5) フリーキャッシュフロー

フリーキャッシュフローの本来の意味は、現在の事業水準を維持したうえで、経営者が自由に使えるキャッシュのことをいいます。経営者は現在の事業水準を維持することが最低限の責務です。現事業を維持したうえで、余ったキャッシュをどう使うかが経営者の腕の見せどころです。さらに大きな設備投資をして会社を成長させようとするか、借入金を返済しようとするか、株主に還元するか、あるいは当面は現金としてそのまま保有するか。フリーキャッシュフローの使い方が会社の今後の方向性を決めるのです。

このようにフリーキャッシュフローは大変重要なのですが、その金額をキャッシュフロー計算書から把握することは簡単ではありません。字義どおり解釈すれば、フリーキャッシュフローは「営業活動によるキャッシュフロー」から「現在の事業維持のために必要とされるキャッシュフロー」を控除すればよいことになります。営業活動によるキャッシュフローはキャッシュフロー計算書をみればわかります。しかし、現在の事業維持のために必要とされるキャッシュフローがわかりません。投資活動によるキャッシュフローには、現在の事業維持のためのものと将来の成長のための投資とが混在しています。外部からは両者の差異はわかりませんので、簡便法としてのフリーキャッシュフローは営業活動によるキャッシュフローから投資活動によるキャッシュフローを控除して算出しています。ただ、このようにして算出したフリーキャッシュフローは本来の字義どおりのフリーキャッシュフローではないことに注意してください。

〈事例11〉 財務活動によるキャッシュフロー

新入行員：H社の前期の財務活動によるキャッシュフローはかなりマイ
　　　　　ナスになっています（図表2－1－10）が、これはどのように
　　　　　判断したらよいのですか。

先輩行員：財務活動によるキャッシュフローは、営業活動と投資活動と
　　　　　のキャッシュフローの状況を受けて、その資金繰りをどのよう
　　　　　に行っているかを示している。前期は営業活動と投資活動とで
　　　　　キャッシュフローの余剰が生じたので、余った資金で借入金の
　　　　　返済を行い、さらに自己株式を取得して株主還元も厚く行って
　　　　　いる。ここだけから判断すれば、財務的には余裕があったと判
　　　　　断できる。

新入行員：一転、当期の財務活動によるキャッシュフローはプラスに
　　　　　なっていますが、これはどのように評価すればよいのですか。

先輩行員：当期は資金不足が生じたので、長期借入金や短期借入金を増
　　　　　加させたほか、増資による資金調達も行っている。財務的には
　　　　　苦しかったが、逆にいえば、多様な資金調達をする力があると

図表2－1－10　H社のキャッシュフロー計算書

	前期	当期
Ⅲ　財務活動によるキャッシュフロー		
短期借入金の純増額	△300	200
長期借入金による収入	200	500
長期借入金の返済による支出	△500	△300
株式の発行による収入	0	400
自己株式の取得	△400	0
配当金の支払額	△100	△100
〈財務活動によるキャッシュフロー〉	△1,100	700

> 評価することもできる。

　営業活動や投資活動でキャッシュを蓄えたり使ったりすると、キャッシュフローの余剰や不足が発生します。それを最終的にどのように調整したかを表示するのが財務活動によるキャッシュフローです。

(1)　有利子負債

　資金が足りなくなれば資金調達を行わなければなりません。資金調達には有利子負債によるものと株主資本によるものとの２種類がありますが、普通多いのは有利子負債による調達です。有利子負債には借入金と社債とがあります。借入金はさらに流動負債に表示される短期借入金と固定負債に載る長期借入金とに分けられますが、社債は普通長期ですから固定負債になります。資金が必要になる場合、このどれかを選択します。短期借入金は長期借入金や社債に比べれば金利は低くなりますが、短期（１年以内）に返済しなければなりません。長期借入金や社債は金利は高めですが、返済期間が長期になり資金繰りが安定します。資金不足の理由に応じて調達手段を選びます。通常の運転資金の不足であれば短期で調達し、設備資金の不足であれば長期で調達します。短期資金（流動負債）より長期資金（固定負債）で調達したほうが資金の安定性は向上します。

　資金が余剰になれば借入金の返済を行います。借入金の返済をすれば財務体質は強化されます。

(2)　株主資本

　有利子負債ではなく、公募増資や第三者割当増資などの株主資本を増加させることにより資金調達をする方法もあります。株主資本で資金調達をするのは以下のような理由が考えられます。有利子負債を増加させると自己資本比率が低下し財務体質が悪化してしまいますが、株主資本で調達すれば自己資本が強化されます。株主資本は有利子負債と違い返済不要の資金ですか

ら、固定負債よりさらに資金の安定性が向上します。ただ、株主資本で調達すると発行済株式数が増加し資本の希薄化（ダイリューション）が生じ、株価のマイナス要因になることもあります。

　資金が余剰になれば株主還元を行います。株主還元の方法には配当金の支払と自己株式の取得とがあります。自己株式を取得すると自己資本比率が低下しますが、余剰資金の株主還元策としては有効です。

(3)　最適な手法

　このように資金調達はそれぞれの方法に一長一短がありますが、営業活動によるキャッシュフローや投資活動によるキャッシュフローから資金不足の原因を把握し、会社に適した資金調達を選択しなければなりません（図表2－1－11）。資金不足の原因が短期の運転資金不足であれば短期借入金で調達すればよいのですが、固定資産投資のための資金不足であれば長期借入金や株主資本で調達しなければなりません。

　また、会社の財務体質にも注意しなければなりません。借入金の調達は自己資本比率を低下させますが、株主資本での調達は自己資本比率を上昇させます。

図表2－1－11　資金不足と余剰の調整方法

資金	分　　　類	手　　法	効　　　果
不足	有利子負債 （短期借入金、長期借入金、社債）	借入れ	自己資本比率低下
	株主資本 （資本金、資本剰余金）	増資	自己資本比率上昇
余剰	有利子負債 （短期借入金、長期借入金、社債）	返済	自己資本比率上昇
	株主資本 （資本金、資本剰余金）	配当 自己株式取得	自己資本比率低下

〈事例12〉 赤字資金

新入行員：前期にI社から売上げが増加し増加運転資金が必要だから、融資してほしいという依頼を受け、運転資金を200短期資金として融資しました。決算書ができたので、キャッシュフロー計算書を作成してみました（図表2－1－12）。損益計算書では赤字が出ており、少し心配なのですが、大丈夫でしょうか。

先輩行員：これは大変なことになったね。このキャッシュフロー計算書をみると、融資した君の責任は相当重いといわざるをえない。

図表2－1－12　I社のキャッシュフロー計算書

	当期
I　営業活動によるキャッシュフロー	
税引前当期純利益	△300
減価償却費	100
売上債権の増減額	△200
棚卸資産の増減額	△150
仕入債務の増減額	350
〈営業活動によるキャッシュフロー〉	△200
II　投資活動によるキャッシュフロー	
有形固定資産の取得による支出	△100
有形固定資産の売却による収入	100
〈投資活動によるキャッシュフロー〉	0
III　財務活動によるキャッシュフロー	
短期借入金の純増額	200
〈財務活動によるキャッシュフロー〉	200
現金及び現金同等物の増減額	0
現金及び現金同等物の期首残高	50
現金及び現金同等物の期末残高	50

なぜなら、増加運転資金ということであるなら、運転資金不足
　　　が出ていなければならない。たしかに売上債権と棚卸資産の増
　　　加で増加運転資金が350発生しているが、買掛金等の仕入債務
　　　の増加で350調達できているから、結果として運転資金不足は
　　　ない。では君の融資した短期借入金200は何に使われていると
　　　思う？
新入行員：このキャッシュフロー計算書からみると、税引前当期純利益
　　　の赤字に見合っていることになりますね。
先輩行員：そのとおり。この会社の資金不足は損益計算書の赤字が原因
　　　だ。君の融資した資金は赤字見合資金ということになる。
新入行員：赤字資金見合いだとなぜ問題になるのですか。
先輩行員：運転資金や設備資金なら前向きな資金だ。収益を生んで資金
　　　が回収できるから、借入金の返済財源が確保できる。しかし、
　　　赤字資金は単なる赤字の穴埋めだから、返済財源がない。赤字
　　　資金の場合はリスクが高い融資として相応の金利や担保をとら
　　　なければならないんだ。

(1)　融資資金の確認

　融資をするときは資金使途が大切です。「カネに色はつかないのだから、
どのように使おうがそれは借りた者の自由だ。使い方は相手の企業に任せ
て、相手先が融資したカネを返してくれるかどうかだけに注目すればよい」
というのも一つの考え方です。しかし、銀行は単なる金貸しではありませ
ん。取引先を育て、指導するという役割も負っています。そうした役割を積
極的に果たそうとすれば、自分が融資した資金が何にどのように使われるか
に注目せざるをえません。
　自分が融資した資金がどのように使われたかをみるとき、決算書は役に立
ちます。まず、自分が融資した資金が貸借対照表の借入金に載っていること

を確認してください。長期貸付金であったら固定負債の長期借入金ですし、短期貸付金であったら流動負債の短期借入金として計上されているはずです。次に、融資した資金が申込時点の使途どおりに実際使われたかをキャッシュフロー計算書で確認します。長期借入金や短期借入金が増えれば、キャッシュフロー計算書の財務活動によるキャッシュフローで表現されます。資金使途は、設備資金であれば、投資活動によるキャッシュフローですし、運転資金であれば営業活動によるキャッシュフローで売上債権や棚卸資産の増加として表現されます。

　新たに資金を貸したときは、決算書でその資金の存在と資金使途を確認することを忘れないでください。

(2) 資金使途

　資金使途は大きく二つに分かれます。前向き資金と後ろ向き資金です。

　前向き資金は設備資金や運転資金です。こうした資金は企業が成長するために使う資金ですから、当初の思惑どおりに事業が進展すれば、銀行が貸したカネは利益を伴って回収できます。したがって、借入金の返済財源の確保が期待できます。むろん、当初の思惑が外れ、製・商品が売れなかったり、売った相手先が倒産したりして売上債権が回収できなくなれば、返済財源は出てきませんが、少なくとも資金を融資した時点では返済財源は明確なはずです。

　問題は後ろ向き資金です。後ろ向き資金は事業整理のための資金や赤字穴埋めの資金です。こうした資金は過去の業績不振を繕う資金ですから、前向き資金と違い、返済財源は融資資金に直結する使途からは出てきません。それだけに融資はより慎重に行う必要があります。返済をどのように行うか、担保をどうするか、金利をどうするかなどを、企業の実態に合わせ決めていかなければなりません。以下では後ろ向き資金のうちの赤字資金について説明します。

図表2−1−13　貸借対照表と損益計算書の赤字

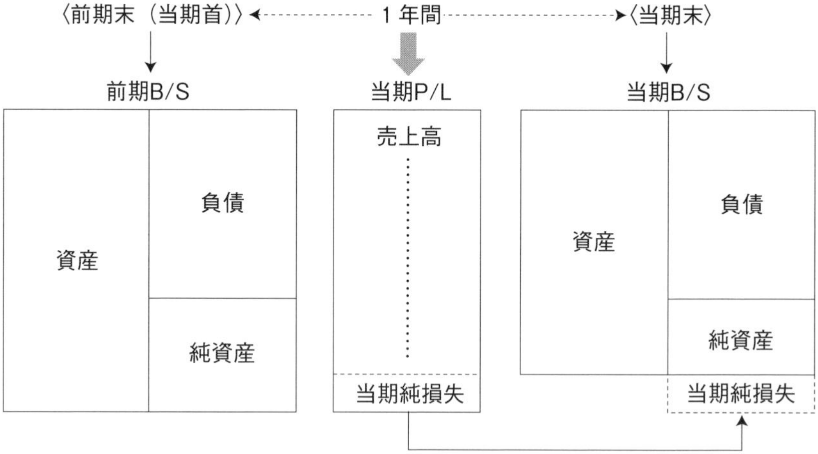

〈前期末（当期首）〉◀--------- 1 年間 ---------▶〈当期末〉

前期B/S	当期P/L	当期B/S

前期B/S：資産／負債／純資産

当期P/L：売上高／当期純損失

当期B/S：資産／負債／純資産／当期純損失

⑶　赤字資金とは何か

　損益計算書は1年の営業の成果を表示しています。その出発点は当期首の貸借対照表です。期首の貸借対照表にある資産、負債を使ってどのような経営成績をあげるかが経営者に課せられた課題です。

　損失を出すと、その分だけ期首に比べて純資産が減少します（図表2−1−13）。純資産の減少は資産の減少、負債の増加、あるいはその両者の複合として表れます。赤字資金は純資産の減少を負債である借入金の増加で賄っていることになります。

⑷　正直な赤字資金融資

　銀行からすれば赤字資金は最も融資したくない資金です。通常の前向き資金の場合、設備資金であれば固定資産が増加し、運転資金であれば流動資産が増加します。負債である借入金の見合いとなる資産がありますから、その資産が現金化されることにより、借入金の元利金が返済されることが期待できます。しかし、赤字資金の場合は、負債である借入金は自己資本の減少の

穴埋めに使ったにすぎず、借入金に見合う資産がありません。ということは借入金の返済原資が直接には出てきません。銀行からすれば、好ましくない資金です。

　もし、会社が正直に「今期の決算が赤字なので、その穴埋めのための融資をお願いします」といえば、ほとんどの銀行は渋るでしょう。もし、それに応ずるところがあるとすれば、メインバンクでこれまでの経緯から応じざるをえないといった事情がある場合です。しかし、その場合でも赤字資金を融資する銀行は、非常に危険な融資なのですから、金利も高く設定しますし、相応の担保を要求しなければなりません。

(5)　悪い赤字資金融資

　正面きって赤字資金を申し込まれるのは銀行にとってはまだよいほうです。厄介なのは、申込時点では正常な融資の申込みであったのに、実際は赤字資金であった場合です。正常な融資とは設備資金や運転資金です。自分で出した融資が何に使われたかは期末時点の決算書で判断します。

　銀行の融資は会社にとって借入れですから、キャッシュフロー計算書の財務活動によるキャッシュフローで借入れが増加します。その借入れの増加に見合うものとして何があるかを確認するわけです。設備資金や運転資金という名目であったのに、それに応じた資産の増加がなく、損益計算書において当期純損失があり、その損失金額が融資した借入金と見合っていれば、問題です。それは取引先からだまされたことになります。

　自分の融資した資金が知らぬうちに赤字資金になっていたというのでは、会社の実情をよく把握できていないのにいい加減な融資をしてしまったということになります。会社に返済を要求するか、あるいは担保の差入れを要求したり、金利の引上げも要請したりしなければならないかもしれません。

　キャッシュフロー計算書は融資の使途確認に際しても有効です。融資金が当初目的どおり使用されたかどうかを確認する資料としても利用できるのです。

〈事例13〉 資金繰表の必要性

新入行員：融資の現場にいると、「資金繰り」とか「資金繰表」という言葉をよく聞くのですが、資金繰表はどのように使うのですか。

先輩行員：資金繰りとは企業の日々の資金の出入りをチェックして、資金不足が生じないように管理することだ。会社トータルとしての財務状況がどんなに優良でも、約束した支払に対応できるキャッシュがなければ倒産してしまうのだから、資金繰りは会社の管理業務としては非常に重要な仕事となる。その資金繰り管理のためのキーになるツールが資金繰表だ。

新入行員：資金繰表はどのように作成するのですか。

先輩行員：資金繰表は結果としての資金の動きをみることもあるが、機能としてより重要なのは、過去の実績を参考にしてこれからの資金の動きを予想することだ。したがって、銀行員などが会社の外から公表資料だけから作成することはできず、基本的には資金繰表は会社の内部の人にしかつくれない。銀行員がつくるとすれば、売上げや仕入れ等の決済状況や賃金をはじめとした経費の支払状況を会社からヒアリングしながらつくることになる。

新入行員：すべての会社について銀行員が資金繰表を作成する必要はないのですね。では、どういうときに、銀行員にとって資金繰表の作成が必要になるのですか。

先輩行員：余裕資金が豊富にあり、資金繰りがまったく心配のない会社について銀行員が資金繰表にまで口を出す必要はない。しかし、資金繰りの不安が高まり、突発的に借入れの申込みを受けそうな先については銀行としても資金繰り管理が必要になり、

> 資金繰表の作成や分析をしなければならなくなる。

(1) 会社にとっての必要性

会社が最もおそれるのは倒産です。倒産とは支払期日に契約どおりに相手方に資金を支払えないことですから、資金の期日管理が必要になります。現在、支払に使える現金預金残高がどれくらいあり、今後資金がどのように入金し、支払がどのように行われるかを管理するのです。

資金の期日管理は資金不足の防止が第一の目的ですが、倒産とは縁遠い資金余剰の会社でも必要です。それは以下のような理由からです。決済のためには資金を当座預金や普通預金に置いておかなければなりません。当座預金や普通預金は決済性の預金で金利は高くありませんから、必要以上に資金を滞留させるのは会社経営としては無駄なことです。決済に時間的余裕があるなら、定期預金や通知預金、あるいは金利のもっと高い運用商品にして、資金を効率的に運用したほうが有利です。そのために資金の入金や支払の期日管理を行い、資金の余裕状況を把握しておく必要があるのです。

資金が不足しそうな会社だけではなく資金余剰の会社も含めたすべての会社において、資金の期日管理は行わなければなりません。資金の期日管理のために利用する最も重要なツールとされているのが資金繰表です。

(2) 銀行にとっての必要性

資金繰表はすべての会社において必須事項ですが、銀行からみれば取引のある会社すべてに資金繰表が必要というわけではありません。資金に余裕があり、資金不足を生じない会社についての資金繰りを銀行が注視する必要はありません。資金の効率的運用はその会社に任せておけばよいのです。

銀行にとって困るのは資金不足のために、突然運転資金を申し込まれるような会社です。「この資金を融資しなければ不渡りを出してしまう」と急に訴えられても、そうした資金を1日や2日で準備できるわけはありません。

これまでの取引経緯や地域における影響力、あるいは将来的に立ち直る力があるから、倒産を回避できるように融資したいと考えても、銀行としては事前準備の期間が必要です。そうした会社にはしっかりと資金繰表で資金管理をしてもらい、余裕期間をもって借入要請をしてもらわなければなりません。資金不足が生ずるのはしかたがないとしても、それがいつどのような原因で生ずるかを事前に把握できていれば、銀行としても対処可能だからです。

　資金不足の可能性のある会社には資金繰表をしっかりと作成してもらいます。それは口頭の指示だけでよいこともあれば実際につくり方の指導をしなければならないこともあります。場合によっては会社に入って実際に作成しなければならないかもしれません。そのために、銀行員は資金繰表の構造や意味を理解しておく必要があります。

　資金管理は会社にとっての最重要事項ですから、会社と一体になって資金繰表を管理、場合によっては作成にまで関与することは銀行が会社の中身にいっそう深く食い込むことになります。

〈事例14〉　資金繰表の見方

> 新入行員：これ（図表2－1－14）はJ社の資金繰表なのですが、そもそも資金繰表というのはどのようにつくられるのですか。
>
> 先輩行員：資金繰表の目的は期間中の資金の過不足を把握することだ。J社では1カ月単位で資金繰表をつくっているから、1カ月ごとの資金の出入りをつかむことになる。重要なのは今後の資金繰り予想なのだが、予想するためには資金繰りの実績パターンを把握しておく必要がある。そこで、資金繰り実績を記録する。J社の場合4月、5月が実績数値だ。この実績をベースに6月、7月の資金繰り予想を行っている。
>
> 新入行員：資金の流入と流出というのは損益計算書の収益・費用に一致

図表２－１－14　Ｊ社の資金繰表

			＊年４月 実績・予定	＊年５月 実績・予定	＊年６月 実績・予定	＊年７月 実績・予定
前月繰越金（A）			100	170	200	110
収入	売上代金	現金売上げ	90	100	80	70
		売掛金回収	250	260	230	230
		受手期日入金	100	90	90	80
	前受金		30	40	30	30
	雑収入		40	30	30	30
	収入合計（B）		510	520	460	440
支出	仕入代金	現金仕入れ	30	30	30	30
		買掛金仕入れ	150	160	170	170
		支手決済	60	100	150	150
	経費	賃金・給料	60	60	160	60
		その他諸経費	30	30	30	50
	設備購入		0	0	50	100
	前渡金		10	10	10	10
	支出合計（C）		340	390	600	570
差引過不足額(D＝A＋B－C)			270	300	60	△20
財務	借入れ	借入金借入れ（E）			100	200
		手形割引（F）			50	
	借入金返済（G）		100	100	100	100
翌月繰越金(H＝D＋E＋F－G)			170	200	110	80

しないのですか。

先輩行員：損益計算書は発生主義で作成しているから、そこで計上され
ている収益・費用は現金の流れとは同じではない。資金繰表は
現金の流出入そのものに焦点を当てている。資金繰表のいちば

ん上は月初における資金の支払に使える現金預金の残高を記入
する。その現金預金残高に月中の収入と支出とを加減すると、
差引過不足が出てくる。ここで不足があると、手形割引を含め
た借入れの必要が出てくる。

新入行員：この資金繰表からJ社の資金繰りをどうみればよいのです
か。

先輩行員：J社では4月、5月の資金繰り実績は支出より収入のほうが
多く、余剰基調であった。ところが、6月、7月になると様相
は一変する。6月に賞与、7月に設備代金の支払があるため、
収入より支出のほうが多くなり、資金が不足する状態になる。
したがって、6月、7月はなんらかの形の資金調達が必要にな
る資金繰りになっていることがわかる。

(1) 資金繰表の作成

a 資金繰表の作成スパン

資金繰表の重要な役割は時点ごとの資金の過不足を把握することにありま
す。そうなると、どういう期間単位で資金繰表を作成するかが問題になりま
す。

作成スパンが短いほど緻密な資金管理ができますが、それにかかる手間は
無視できません。一方、手間を省くために1年単位でつくっていたのでは、
資金の運用・調達を有効に行うことはできません。作成スパンは会社の資金
状況によります。通常、資金繰表の作成は1カ月単位で行います。普通の会
社は1カ月単位で経営計画を立て、経営状況をチェックしているので、資金
計画もそれにそろえておくのが管理しやすいからです。ただ、経営状況が逼
迫して、いつ資金不足になってもおかしくないという会社はもっと綿密な資
金管理が必要になりますので、旬単位（10日ごと）や場合によっては1日単
位でつくることもあります。

b　資金繰表の作成方法

　資金繰表はどこの会社でも内部的には必要なものですが、決算書のように外部に対して説明する公表資料ではありませんから、様式は定型化されていません。それぞれの会社で自社で資金管理がしやすいように資金繰表をつくります。資金が常に余剰で資金の効率運用が課題の会社と資金不足が常態化して資金の調達が課題の会社とでは、様式が違っていて当然です。それぞれの課題に対応しやすい資金繰表を作成することになります。銀行にとって問題なのはいうまでもなく後者ですので、資金不足が把握しやすい資金繰表を使うことになります。Ｊ社の資金繰表（図表２−１−14）は銀行でよく使われる形の資金繰表を簡略化したものです。この資金繰表に基づき、以下で作成の方法を説明します。

〔横軸〕

・期間

　資金繰表で重要なのはこれからの資金予想です。しかし、いきなり予想から入るわけにはいきません。予想の前には実績の検証が必要になります。そこで、２〜３カ月の実績を確認し、今後必要となる期間の予想をしていきます。環境変化が激しいなか、あまり先の予想は現実味に乏しくなります。かといってあまりに短期間だと資金不足がわかっても、それに対応する時間が少なくなってしまいます。普通の会社は３カ月から６カ月の予想が多いようです。

　資金繰表は経営計画とは違います。経営計画は一度立てた計画は途中の実績が多少未達でも、その計画に向かって努力するという要素がありますから、計画数値は簡単には変えるものではありません。しかし、資金繰表では、より感度の高い資金管理が求められますから、常に新鮮な情報を取り入れ実績をみながら検証していきます。月単位の資金繰表を作成しているなら、毎月実績を記入したうえで更新していかなければなりません。

〔縦軸〕

・収入

収入は大きく本業の売上収入とその他の収入とに分かれます。その他の収入は金額が多くありませんし、家賃収入などであれば予想は単調で簡単です。問題は売上収入をどう予想するかです。これは単なる月の売上予想ではありません。売上げに係る現金収入の予想です。

　売上げの収入パターンには3種類あります。現金売上げ、売掛金売上げ、手形売上げです。現金売上げは売上げが即座に入金されますが、売掛金売上げ、手形売上げは売上げが計上されてから現金が入金されるまで時間がかかります。現金売上げの収入は当月分の売上げに係るものですが、売掛金、手形の売上収入は先月分以前の売上げに係るものが現金として入金になります。したがって、売掛金・手形の売上収入はかなり正確に予想できます。

　売上収入を予想するには、売上げのなかの現金・売掛金・手形の割合と、売掛金と手形の入金までのサイトを把握しておかなければなりません。むろん、売上げの季節性があれば、当然それも加味して売上代金の収入を予想します。

・支出

　支出は本業に係る仕入支出、人件費などの経費支出、その他に分類できます。仕入支出は売上げ同様、現金、買掛金、支払手形に分類できます。買掛金や支払手形の支出は先月分以前の仕入れに係るものですから、ある程度正確な予想が可能です。

　仕入支出をつかむためには、これも売上げと同じく、現金、買掛金、支払手形の割合とそれぞれの決済サイトとを把握しておく必要があります。経費支出は賃金・給料などの人件費とそれ以外の経費（物件費）とに分けることができます。その他の支出は設備投資などをすると大きな支出になるので注意が必要です。

・財務

　現金の過不足は財務で調整します。資金が足りなくなれば借入れを起こします。借入れは受取手形に余裕があれば手形割引も可能ですが、そうでない場合は短期や長期借入金を起こします。手形割引は銀行に枠さえ設定してあ

れば比較的簡単に資金調達できますから、手形割引で対応できる範囲内の資金不足ならあわてることはありません。しかし、短期や長期の借入金は融資実行まで時間がかかりますから、会社は早めに銀行と打合せをしなければなりません。

　逆に資金が余れば、返済可能な借入金を返済することになり、それでも余剰が出れば現金預金を積み増します。

・前月繰越金、翌月繰越金

　縦軸の最上段の前月繰越金は決済資金として使える月初の現金預金残高です。月中の収入から支出を引いた差引不足額がこの範囲内であれば、新たな借入れは不要ということになります。一方、最下段の翌月繰越金は本業の収入・収支に加え財務収支も加えた後の月末の現金預金残高になります。

　繰り返しになりますが、資金繰表は予想が大切です。これまでの実績をふまえながら今後数カ月間の予想をしていきます。資金不足が生じて、そこで資金が調達できないと、破綻の危機に瀕しますから、楽観的な予想は禁物です。「売上げはこうありたい」というような目標であってはいけません。収入は控えめに支出は多めに予想します。最悪の場合も想定した保守的な予想をすることが求められます。

　銀行としても取引先が作成した資金繰表について、過去の実績に基づいた実現可能性の検証に力点を置いてください。

(2)　資金繰表の使い方

　いちばんの注目点は、本業の収入と支出との差額です。収入が常に支出を上回っているようであれば安心です。しかし、支出が収入を上回ると資金不足が発生してきますので、注意しなければなりません。収支不足であったら原因を究明する必要があります。設備投資や大口の退職金などその月だけの特定の要因であれば心配するには及びません。その場合は現金預金の取崩しで対応すればよいだけですし、借入れをするにしても銀行としても対応しや

すいでしょう。

　連続して収支不足が生ずるようであれば要注意です。本業不振による収支不足になります。本業不振の場合は、普通は損益計算書で赤字を計上しますが、損益計算書が黒字でも資金が不足する場合があります。それは売掛金や在庫の増加が原因である場合もありますが、最悪の場合は粉飾ということもあります。

　収支不足がある場合は現状の現金預金の取崩しで賄える水準であるかを検証します。余裕資金が膨大にあれば、多少の収支不足があっても耐えられます。資金的余裕のあるうちに、本業の立て直しを図ることになります。余裕がなければ借り入れるしかありませんが、そのとき借入余力があるかどうかを把握しておきます。現状の財務バランスや担保余力を見極めなければなりません。

　メイン先や業況要注意先については決算書だけではなく、資金繰表を常時取得して、資金状況をチェックしておく必要があります。

安 全 性 分 析

〈事例15〉 債権者と株主

先輩行員：会社の利害関係者という言葉を聞いたことがあるかい？　その利害のもちようにより、会社に対する関心が変わる。利害関係者が貸借対照表にどのように表現されるか確認しよう。

新入行員：貸借対照表は資産、負債、純資産に分かれます（図表2－2－1）。会社の資産にあるのは売掛金や貸付金で、それをもっている人は、会社からみれば債務者ということになります。負債は買掛金や借入金で、会社からみれば債権者になり、純資産は株主資本で会社からみれば株主になります。

先輩行員：そのとおり。会社の利害関係者は貸借対照表では債務者、債権者、株主になるが、会社の状況に深い関心を寄せる利害関係者はだれだと思う。

新入行員：会社の状況に関心があるのは、将来、会社から金銭の支払を受ける権利を有する債権者と株主だと思います。

先輩行員：そうだね。債権者、株主は会社から支払を受けなければならないのだから、会社の状況しだいではその支払が十分に受けられない可能性が出てきてしまう。だから、会社の財政状況に重大な関心をもつ。銀行は基本的には債権者という立場で会社と

図表２－２－１　貸借対照表

（借方）	（貸方）
資産 （売掛金） （貸付金）	負債 （買掛金） （借入金）
	純資産 （株主資本）

　関係をもつが、場合によっては株主になることもある。債権者と株主でどのように会社との関係が変わってくるかを理解しておくことは、決算分析をするうえでも重要なポイントになる。

(1)　会社の利害関係者

　会社にはいろいろな利害関係者が存在しますが、すべての利害関係者が同じ角度から決算書を分析するわけではありません。その利害のもちようの相違により、決算書の注目点が変わります。

　代表的な利害関係者として、株主、従業員、得意先、仕入先、銀行などがあります。会社はこれらの利害関係者と、それぞれに関係をもちながら事業を展開していきます。利害関係者はいずれも会社の内容には関心がありますが、関心のもち方は一様ではありません。利害のもちようにより、関心の深さが違います。最も会社の内容に関心が深いのは会社に資金を投入している利害関係者です。それは貸借対照表に表示されます。

　貸借対照表では代表的な利害関係者が図表２－２－２のように表現されます。貸借対照表の借方は資金の運用状況すなわち資産が表示されます。たとえば、資産にある売掛金とか貸付金という形で利害を有する人がいます。この人たちは会社からみれば債務者になります。債務者は会社にカネを支払わなければなりません。支払をするのですから、払う相手の会社の内容の善し

図表２－２－２　貸借対照表に表現される利害関係者

利害関係者 （会社にカネを支払う）	貸借対照表 （借方）	（貸方）	利害関係者 （会社からカネを受け取る）
債務者 →決算書への関心薄い	資産 （売掛金） （貸付金）	負債 （買掛金） （借入金）	債権者 →決算書に重大な関心
		純資産 （株主資本）	株主 →決算書に重大な関心

悪しなどについてにはそれほど関心をもちません。カネを支払う会社がたしかに存在すれば、それで十分です。したがって、債務者の決算書への関心度は相対的に薄くなります。

　一方、貸借対照表の貸方に利害関係を有する人もいます。貸借対照表の貸方は会社がどのように資金調達をしたかを示しています。資金調達方法の違いにより貸方の利害関係者は二つに分かれます。一つは買掛金や借入金のような負債として利害を有する人々です。具体的には仕入先や銀行などになりますが、この人たちは会社からみれば債権者です。もう一つは株主資本（自己資本）に利害関係を有する人々です。この人たちは株主となります。会社が資金調達をしているということは、相手方である債権者や株主は会社に資金を投入しています。資金を投入すれば回収しなければなりません。資金をどのように回収できるかは会社の経済状況によります。会社から資金を受け取るには会社が健全でなければなりません。会社の内容が悪ければ資金を回収できません。したがって、貸借対照表の貸方に利害関係を有する債権者及び株主は会社の内容に重大な関心をもたざるをえません。しかし、その関心のもち方は会社との関係性の違いから異なってきます。

　銀行は取引先の株式を所有し、株主として利害を有する場合もありますが、基本的には取引先に資金を融資し債権者として関係をもちます。銀行は債権者であるということをまずしっかりと認識してください。債権者という立場で決算書を分析しなければなりません。ただ、そのときに債権者と株主

とではどのように違うかということについて理解が必要です。

(2) 債権者と株主の相違点

債権者と株主とはともに会社に資金を投入していますが、資金の性格が違います。その違いにより決算書への関心のもち方も変わってきますから、ここでは債権者と株主との相違点を確認します（図表2-2-3）。

貸借対照表において、負債（債務）として資金を提供している人を債権者といい、株主資本として資金を提供している人を株主と呼びます。

債権者は債務者と契約を結び、契約書で返すべき元金・利息の金額と期日が決められます。契約ですから債務者は必ず決められたとおりの支払をしなければなりません。会社の業績が苦しいから約束どおり支払えないというのは認められません。契約した金額を支払えないと、その会社は倒産ということになり、事業の継続が困難になります。債権者に債務を支払うというのは会社が存続するための最低限の責務です。逆に、会社が債権者から受けた融資によりどんなに儲かっても、契約書で定められた元金・利息以上のものを債権者に支払う必要はありません。債権者が会社に対して期待することは約束した元金と利息を期日にきちんと払ってくれることだけです。

株主が会社に株主資本として資金を提供すると、株主は会社の株式を取得します。株式は会社そのものを証券化したものといえますから、会社の経営権を取得することになります。株式を取得して資金を会社に投入した時点で、その資金は会社のものになります。会社は経営成績に応じた配当を株主

図表2-2-3　債権者と株主の相違点

貸借対照表		名称	調達先	経営参加権	返済義務	返済の優先	リターン
資産	負債	融資	債権者	なし	あり	優先	確定
	株主資本（純資産）	投資	株主	あり	なし	劣後	変動

に支払えばよく、元本を株主に返済する義務はありません。したがって、株主は債権者のように、会社に対して直接返還を請求できるわけではありません（最近は自己株式の取得が自由になり、会社が株式を購入することにより株主に資金を直接返還する道が開かれていますが、これは会社側が自分の都合で自己株式を取得するにすぎず、株主に返還を求める権利があるのではありません）。株主が資金返還を要求できないからこそ、株主の出資金たる資本金や資本剰余金は返済不要の自己資本としてカウントされます。株主の資金回収は第三者への株式の譲渡によります。この点が債権者と株主との最大の違いといえます。

　また、株主が会社から受け取る配当も次のようになります。株主が会社に対して提供する資本はリスクマネーです。会社の業績がよければ、高い配当をもらえます。また、業績好調で株価が高くなり、株式を他人に売却すれば当初出資額の何倍ものカネを得ることも不可能ではありません。しかし、逆に会社の業績が振るわなければ配当はゼロになりますし、さらに業績が悪化し、倒産してしまえば元金も返ってこない可能性が大です。たとえ、そうなっても株主は文句をいえません。最初からそうなることを承知で資金を提供しているからです。この点が、契約で当初に支払うべき利息・元本が定められている負債とは違います。

　つまり、債権者の提供する負債はローリスク・ローリターンであり、株主の提供する株主資本はハイリスク・ハイリターンの性格をもつことになります。

〈事例16〉　自己資本比率

先輩行員：K社の貸借対照表（図表2−2−4）をみて、最も注目すべき点として、君なら何を指摘する。

新入行員：自己資本比率の急激な低下だと思います。前期の自己資本比率は30％あったのに、当期は14％とかなりダウンしていますか

図表 2 - 2 - 4　K社の貸借対照表

	前期	当期			前期	当期
I　流動資産	1,000	1,000	I　流動負債		1,100	1,600
現金預金	200	200	支払手形		200	200
受取手形	300	300	買掛金		300	300
売掛金	200	200	短期借入金		600	1,100
商品	300	300	II　固定負債		300	2,700
II　固定資産	1,000	4,000	長期借入金		300	2,700
建物		2,000	〈負債合計〉		〈1,400〉	〈4,300〉
機械装置		1,000	I　株主資本		600	700
土地	1,000	1,000	資本金		300	300
			資本剰余金		100	100
			利益剰余金		200	300
			〈純資産合計〉		〈600〉	〈700〉
〈資産合計〉	〈2,000〉	〈5,000〉	〈負債・純資産合計〉		〈2,000〉	〈5,000〉

　　　　ら、信用力はかなり落ちていると思います。

先輩行員：そうだね。自己資本比率は債権者が最も重視する財務指標の
　　　　一つだ。自己資本比率がこれだけ低下すれば、その原因を確認
　　　　しておかなければならない。K社の場合大規模な設備投資を行
　　　　い、その資金を借入金で賄っていることが、自己資本比率低下
　　　　の要因だ。赤字原因の自己資本比率低下ではないから、一概に
　　　　信用力低下とは即断できない。ただ、自己資本比率の低下は対
　　　　外的には不安要因となるから、設備投資とそれに伴う借入金調
　　　　達に無理はないか確認しておく必要はある。

新入行員：内容の確認とは何を確認すればよいのですか。

先輩行員：増加した有利子負債が十分返済できるか、資産の含み損益は
　　　　どのくらいかといったことの確認はしておきたい。

(1) 自己資本比率の重要性

　銀行は債権者として会社にカネを貸しているのですから、確実に貸出金を回収しなければなりません。債権者は大きなリターンを望んではいません。元本・利息の確実な回収さえできればよいのです。そのため、事前に会社と契約を交わし返済方法や利息の支払を確定させます。株主資本（自己資本）に対するリターンである配当は会社の業績により変動しますが、貸出金に対するリターンの利息は会社がその貸出金（会社にとっては借入金）で事業を行いどんなに莫大な利益をあげても、銀行は当初約束した以上の利息を受け取ることはできません。そのかわり、債権回収の確実性は株主資本より優先することが法律により規定されています。

　会社が順調なときは利息や元本は契約どおり払えますから、問題ありません。問題となるのは、業績が行き詰まり、会社を清算しなければならなくなったときです。会社を清算するときは、債権者だけではなく株主にも残余財産に対する分配請求権があります。しかし、その場合債権者への返済は株主への残余財産の分配に先立って行われます。株主は会社のオーナーですから、会社外部の利害関係者である債権者への支払を優先しなければなりません。債権者に完全に返済してそれでもなお余り（剰余金）があれば、株主への配分ということになります。会社に株主財産がある限り、つまり債務超過でない限り、必ず債権者への返済が行われることになります。株主財産が少しでも残っていれば債権者は回収できるのですから、債権者にとっては株主財産（＝自己資本）がどれくらいあるかがきわめて重要になります。理論的には自己資本が1円でも残っていれば債権者は全額回収できることになります。しかし、あまりに自己資本が少ないと少し赤字になっただけで債務超過になってしまうので、債権者として安心して取引を行うためには、余裕をもった自己資本が欲しいものです。

　したがって、債権者にとって最も重要な関心事は自己資本の厚さです。それを表現する最適な指標が自己資本を総資本（総資産）で除した自己資本比

図表2－2－5　自己資本比率

$$自己資本比率＝\frac{自己資本}{総資本（総資産）}×100$$

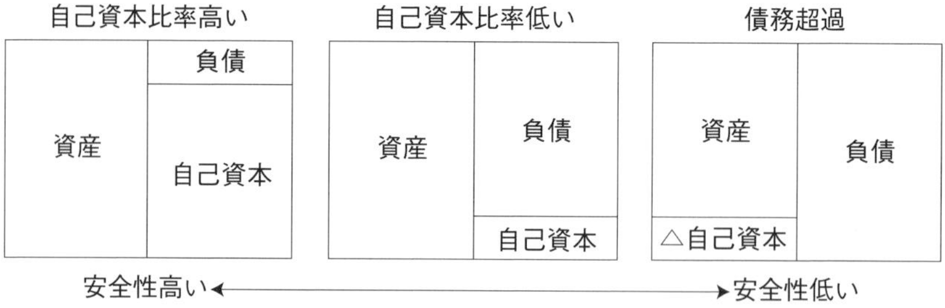

率です。自己資本比率が高ければ、債務超過に至る危険性が小さく債権者にとっては安心です。一方、自己資本比率が低下してくると、倒産の危険性が大きくなります。赤字がさらに続くと資産より負債のほうが大きくなり、自己資本がマイナスになってしまいます。これが債務超過です。債務超過では株主価値は当然ゼロであり、資産を全部売却しても負債を完済できないことになります（図表2－2－5）。

(2) 自己資本比率の判断

債権者とすれば、自己資本比率の高い会社ほど安心であり、自己資本比率の低い会社は債務返済ができなくなる危険性が大きくなると判断します。その意味で、自己資本比率が1桁というのはかなり危険な状態と考えなければなりません。

なお、債務超過は株主価値のない会社ですから、そういう会社を上場させておくわけにはいきません。2期連続の債務超過は上場廃止基準に抵触することになります。

〈事例17〉 債務超過

先輩行員：L社の前期、当期の決算書（図表2－2－6）は融資判断において決定的な相違をもたらすが、その原因はどこにあるかわかるかな？

新入行員：前期も当期も当期純損失と、赤字には違いありません。前期はまだ貸借対照表の純資産はプラスだったのですが、当期からマイナスになっているのが大きいと思います。

先輩行員：そのとおり。貸借対照表の純資産（自己資本）のマイナスの状態を債務超過という。債務超過は資産より負債のほうが多いのだから、資産を全部処分しても債権者への全額返済ができないことになる。債務超過になると、銀行だけでなく、対外的な

図表2－2－6　L社の貸借対照表

	前期	当期		前期	当期
I　流動資産	1,000	800	I　流動負債	1,100	1,200
現金預金	200	100	支払手形	200	200
受取手形	300	200	買掛金	300	300
売掛金	200	200	短期借入金	600	700
商品	300	300	II　固定負債	700	700
II　固定資産	1,000	1,000	長期借入金	700	700
土地	1,000	1,000	〈負債合計〉	〈1,800〉	〈1,900〉
			I　株主資本	200	△100
			資本金	300	300
			資本剰余金	100	100
			利益剰余金	△200	△500
			（繰越利益剰余金）	（△200）	（△500）
			〈純資産合計〉	〈200〉	〈△100〉
〈資産合計〉	〈2,000〉	〈1,800〉	〈負債・純資産合計〉	〈2,000〉	〈1,800〉

（参考）　損益計算書上の当期純損失：前期△200、当期△500

> 信用は決定的に悪化し、事業の存続さえ危ぶまれる状態にな
> る。銀行員としては回収できるところに融資しなければならな
> いのだから、債務超過先への新規融資はむずかしい。既存融資
> 先が債務超過になれば、債務超過状態をどのように脱すること
> ができるか検討しなければならないし、それができなければ回
> 収を進めることになるだろう。

　自己資本比率の計算は自己資本がプラスであることが前提です。では、自己資本が減少し、ついにはマイナスになってしまった状態についてはどのように考えるべきなのでしょう。

(1) 「傷」か「致命傷」か

　ほとんどの会社は資産超過です。つまり自己資本はプラスです。そもそも自己資本には株主が会社設立時に出資した払込資本がありますし、会社が事業活動を行えば利益が出ますから、留保利益が自己資本に積み上がっていきます。通常に事業を行っている会社であったら、自己資本はマイナスにはなりえません。だからこそ、自己資本マイナスの債務超過は異常事態です。

　払込資本は原則として減りませんから、自己資本の減少は留保利益が減少することによってもたらされます。留保利益の減少は事業成績の赤字すなわち損益計算書の最終損益が赤字になることによって生じます。図表2-2-7のように、赤字が累積すると、まず留保利益を消していきます。しかし、累積した赤字額が、(A)のように留保利益の範囲内であれば軽症です。赤字は会社自身がそれまで蓄積した利益を取り崩せば解消できるからです。この段階では出資した株主には損失を与えていないといえます。ところが、さらに赤字が累積して(B)のように蓄積した留保利益を超過してしまうと問題です。会社の自己資本は株主が出資した金額を下回っています。つまり、株主は会社の外部から自分自身の資金を投入していますが、その一部を食いつぶして、株主に損失を与えていることになります。株主に損失を与えている状態

図表２−２−７　赤字額の累積程度

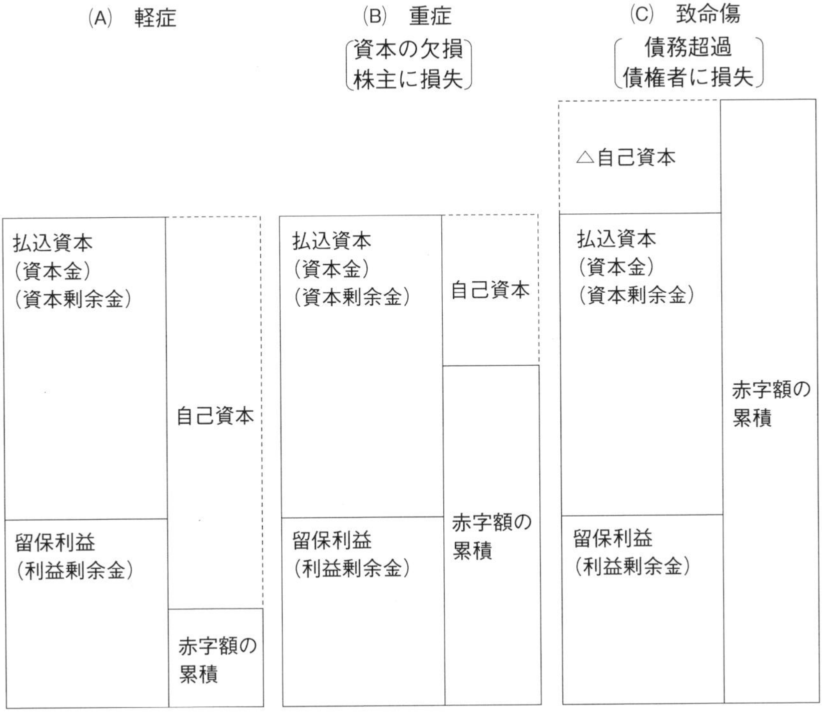

（A）　軽症 　（B）　重症 　（C）　致命傷

を「資本の欠損」といいます。それでも、株主は文句はいえません。株主はリスクをとり、最悪の場合こうなることを覚悟して会社に出資しているからです。さらに赤字額が累積すると(C)のように会社自身が稼いだ留保利益は言うに及ばず、株主が会社外部から投入した払込資本まで食いつぶしてしまいます。これが、自己資本がマイナスになる、つまり資産より負債のほうが多い「債務超過」の状態です。

　債務超過になると、ことは重大です。債務超過では自己資本はマイナスですから、資本を払い込んだ株主には何も返ってこないことは当然ですが、そのうえに資産より負債が大きいのですから、資産を全部売り払っても債権者へ全額返済することができなくなることを示しています。債権者は債務超過

の会社への信用供与を渋るようになります。債務超過になると周囲の目は大変厳しくなるのが普通ですので、事業の存続がむずかしくなるといえます。いわば、債務超過は会社の「致命傷」といえるのです。

事例のL社の留保利益は繰越利益剰余金だけです。L社の前期は繰越利益剰余金マイナスの状態です。この期にはたしかに繰越利益剰余金はマイナスですが、資産合計は2,000あるのに対し負債合計は1,800で、純資産は200残っています。資産が帳簿価格どおり売れるとすれば債務は完済できます。株主には損失が発生していますが、債権者には迷惑をかけていない状態です。いわば、会社は傷を負っていますが、まだ致命傷までには至っていません。

そして、さらに赤字が継続し、繰越利益剰余金のマイナスがもっと大きくなると資本剰余金や資本金のすべてを食いつぶして、自己資本全体がマイナスになってしまいます。事例のL社の当期は繰越利益剰余金がマイナス500、資本金と資本剰余金との合計が400で、自己資本がマイナス100となっています。つまり資産より債務のほうが大きくなっている「債務超過」の状態になります。

(2) 融資対応

繰越利益剰余金のマイナスは過去の損失がまだ解消されずに残っているということですから、会社に対する一つの注意信号です。しかし、それ以上に株主からの払込資金である資本金や資本剰余金、そして会社が稼いだ利益の蓄積である利益剰余金が十分にあれば、繰越利益剰余金はマイナスであっても、問題にするには及びません。こうした会社から融資の申込みがあれば、実質的な債務返済能力や今後の収益力を判断して融資の可否を決めることになります。ただ、債権者である銀行としては、繰越利益剰余金のマイナスは今後の注意信号ととらえなければなりません。

繰越利益剰余金のマイナスがさらに大きくなり、自己資本がマイナスになる債務超過は会社の信用力に対する決定的な赤信号です。債務超過会社から

の融資申込みは、資金を出した瞬間から返済財源が不足するのですから、原則的に認められるものではありません。今後の収益回復により近い将来債務超過解消が確実であるとか、帳簿上は債務超過だが含み益を勘案すれば資産超過であるとかいった特別な理由がないと融資はむずかしいと考えるべきでしょう。

〈事例18〉 有利子負債依存度と負債資本倍率

> 先輩行員：M社は前期から当期にかけて大きく変わっている（図表2－2－8）が、貸借対照表において注目すべきポイントはどこだと思うかい？
>
> 新入行員：顕著に変わっているのは固定資産が大きく増加したことと、それに応じて負債が増加していることですね。
>
> 先輩行員：そうだね。有利子負債が急増している。有利子負債が過大だ

図表2－2－8　M社の貸借対照表

	前期	当期		前期	当期
Ⅰ　流動資産	1,000	1,000	Ⅰ　流動負債	1,100	2,100
現金預金	200	400	支払手形	200	200
受取手形	300	200	買掛金	300	300
売掛金	200	200	短期借入金	600	1,600
商品	300	200	Ⅱ　固定負債	400	1,800
Ⅱ　固定資産	1,500	4,000	長期借入金	300	1,700
建物	500	2,000	退職給付引当金	100	100
機械装置		1,000	〈負債合計〉	〈1,500〉	〈3,900〉
土地	1,000	1,000	Ⅰ　株主資本	1,000	1,100
			資本金	300	300
			資本剰余金	100	100
			利益剰余金	600	700
			〈純資産合計〉	〈1,000〉	〈1,100〉
〈資産合計〉	〈2,500〉	〈5,000〉	〈負債・純資産合計〉	〈2,500〉	〈5,000〉

と、収益力が落ちてきたり、銀行の融資姿勢の変化により経営
　　　に危機が生じたりしやすい。そこで、有利子負債の動向にも注
　　　意が必要だ。

新入行員：有利子負債の動向はどういう指標をみればよいのですか？

先輩行員：いろいろな指標があるが、代表的なものは総資産（総資本）
　　　のなかで有利子負債がどのくらいを占めるかを示す有利子負債
　　　依存度だ。有利子負債依存度は前期の36％から当期は66％に上
　　　昇している。もう一つの指標は自己資本と有利子負債を比較し
　　　た負債資本倍率がある。負債資本倍率は前期は0.9倍だったも
　　　のが、当期は３倍に急上昇している。当期の比率は有利子負債
　　　依存度は50％を超え、負債資本倍率も１倍を突破しているか
　　　ら、二つの指標とも危険水域に入ったことを示している。

　会社は資産を使用して収益をあげていきますから、資産を所有することが
必要です。資産を所有するためには、資金調達をしなければなりません。資
金調達は貸借対照表の貸方に表示され、大きく二つに分けることができます
（図表２－２－９）。自己資本と他人資本です。自己資本とは会社の所有者で
ある株主からの調達であり貸借対照表では純資産として、他人資本とは会社
外部の債権者からの調達で貸借対照表では負債として表示されます。自己資
本による調達の度合いである自己資本比率については前に説明しましたの
で、ここでは負債（他人資本）による調達について説明します。

(1)　負債調達

　負債による資金調達は大きく二つに分けることができます。銀行などの金
融機関から調達する有利子負債、仕入先などの取引先からの資金調達である
企業間信用です。

　企業間信用は貸借対照表では、支払手形や買掛金として表示されます。企
業間信用は本来であれば現金で支払をしなければならない製・商品や原材料

図表２－２－９　資金調達

資金調達（貸方）（総資本）
- 他人資本（負債）
  - 有利子負債……金融機関から
  - 企業間信用……取引先から
- 自己資本（純資産）

の仕入代金の支払を待ってもらっているものであり、これも一種の「金融」です。有利子負債と企業間信用との最大の違いは、製・商品が介在するかどうかです。有利子負債には製・商品は介在しませんが、企業間信用には必ず製・商品が介在し、製・商品代金の支払を延ばしてもらうという形で金融を受けます。

　企業間信用も有利子負債も資金調達という面からみれば違いはありませんが、財務分析において、企業間信用は有利子負債ほどは危険視されません。それは以下のような理由からです。企業間信用は事業に伴って発生するものですから、事業が拡大しない限り無闇に増加させることはできません。また、製・商品が介在していますから、その製・商品が売れれば返済財源が確保できます。逆にいえば、製・商品の取引が継続される限り支払手形や買掛金は存続していてもかまわないということもできます。それに対し、有利子負債は商売に関係なく増加させることができます。たとえば、赤字資金のような後ろ向き資金にも対応できます。また、返済財源は特定のひも付融資のケースもありますが、多くの場合は会社の収益力からの返済になりますから、収益力がなくなれば返済することができなくなります。さらに資金を借りている金融機関から返済を求められれば必ず返済しなければなりません。だからこそ、有利子負債の動向には注意を払わなければならないのです。しかし、企業間信用にまったく注意を払わなくてもよいということではありません。企業間信用でも資金繰り操作に使われることもあるからです。その点については、第４節「回転期間分析」で説明します。

(2)　有利子負債依存度の算定

　有利子負債の大きな企業は周囲から厳しい目でみられます。有利子負債ゼロを経営目標としている会社もあります。しかし、有利子負債の存在そのものが悪なのではありません。企業はチャンスがあるとみれば、設備投資を行い、業容拡大を目指すべきです。設備投資を自己資金の範囲内だけで行おうとしていては、絶好の収益機会を逃してしまうかもしれません。そのときには借入金等の有利子負債により、投資を行う必要があるのです。つまり、適正な有利子負債の存在は企業にとって当然のことです。悪いのは過大な有利子負債です。では、「適正」と「過大」との分岐点は何によって判断するのでしょう。

　その判断基準にはいろいろありますが、代表的指標が有利子負債依存度です。有利子負債依存度は次の算式によって計算します。

$$有利子負債依存度 = \frac{有利子負債}{総資産} \times 100$$

　貸借対照表の借方は資産の部として、資金をどのような形態で運用しているかを、貸方は資金をどのように調達したかを示しています（図表2-2-10）。有利子負債依存度は運用している資産のうち何％を有利子負債で調達しているかを表したものです。有利子負債依存度が高いほど、今後金融機関に返済しなければならない資金が多いということですから、財務状況は不安

図表2-2-10　貸借対照表における資金の調達と運用

（借方） 〈資金の運用状況〉	（貸方） 〈資金の調達状況〉
資産	負債 （有利子負債）
	純資産 （自己資本）

定になります（有利子負債依存度の対極にあるのが前に説明した自己資本比率
（＝自己資本÷総資産×100）です。自己資本は返済不要の資金ですから、自己資本比率が高いほど、財務は安定しているといえます）。

　有利子負債依存度が何％以上だと、有利子負債が過大だといえるのでしょう。これも、業種特性によって幅があり、一概には決められません。不動産業などは資産が大きく大部分の資金調達を借入れによっていますから、有利子負債依存度は相当大きくなっています。ただ、一般的には50％以上あると過大だといってよいでしょう。

(3)　負債資本倍率の算定

　有利子負債依存度と類似した指標で、上場会社において注目されている指標に負債資本倍率があります。

$$負債資本倍率 = \frac{有利子負債}{自己資本}$$

　負債資本倍率（デット・エクイティ・レシオ）は有利子負債（有利子負債から現金預金を控除した実質有利子負債を使う場合もあります）を自己資本で除して求めます。つまり、返済しなければならない有利子負債に対し返済不要の自己資本がどのくらいあるかで、財務の安定性をみようというものです。負債資本倍率が1倍を割っている、すなわち有利子負債より自己資本のほうが大きければ、財務の安定性は高いと判断されます。

〈事例19〉　有利子負債キャッシュフロー倍率

> 新入行員：有利子負債依存度や負債資本倍率は貸借対照表のバランスから有利子負債の状況を判断しようとするものですよね。でも、有利子負債が貸借対照表のなかでどんなに多くても、返済できる収益力があればよいのではないでしょうか。そういう視点で判断できる指標が必要なのではないですか？

図表2－2－11　N社の貸借対照表

	前期	当期		前期	当期
I　流動資産	1,000	1,000	I　流動負債	1,100	2,100
現金預金	200	400	支払手形	200	200
受取手形	300	200	買掛金	300	300
売掛金	200	200	短期借入金	600	1,600
商品	300	200	II　固定負債	400	1,800
II　固定資産	1,500	4,000	長期借入金	300	1,700
建物	500	2,000	退職給付引当金	100	100
機械装置		1,000	〈負債合計〉	〈1,500〉	〈3,900〉
土地	1,000	1,000	I　株主資本	1,000	1,100
			資本金	300	300
			資本剰余金	100	100
			利益剰余金	600	700
			〈純資産合計〉	〈1,000〉	〈1,100〉
〈資産合計〉	〈2,500〉	〈5,000〉	〈負債・純資産合計〉	〈2,500〉	〈5,000〉

図表2－2－12　N社のキャッシュフロー計算書

	前期	当期
営業活動によるキャッシュフロー	100	300
投資活動によるキャッシュフロー	△100	△2,500
財務活動によるキャッシュフロー	0	2,400
現金及び現金同等物の増減額	0	200
現金及び現金同等物の期首残高	200	200
現金及び現金同等物の期末残高	200	400

先輩行員：いいところに気がついたね。それは実に重要な指摘だ。返済
　　　　財源からみる指標としては有利子負債キャッシュフロー倍率が
　　　　ある。N社の前期の有利子負債キャッシュフロー倍率は9倍で
　　　　まだ許容範囲だが、当期には11倍になっており、この指標でみ
　　　　ても危険水域に入ってきているといえる（図表2－2－11、

$2-2-12$)。

(1) 返済能力からみる有利子負債

　有利子負債依存度や負債資本倍率は、貸借対照表の資産や自己資本と比べて有利子負債の軽重を判断しようとするものです。最終的な有利子負債の返済が所有資産の売却により行われるという考え方に立つとすれば、これらの指標は有効です。もっとも、有利子負債の返済は通常は資産の売却代金ではなく、将来の事業から生ずるキャッシュフローにより行われます。だとすれば、キャッシュフロー獲得能力からみて、有利子負債が過大かどうか判断するというのも合理的な手法です。

　キャッシュフローにも営業活動によるキャッシュフロー、投資活動によるキャッシュフロー、財務活動によるキャッシュフローなどいろいろあります。このとき、有利子負債の残高と比べるキャッシュフローとして何を採用するのかが問題になります。最も適当と考えられるものは、有利子負債の返済財源となるキャッシュフローです。それは通常フリーキャッシュフローといわれています。

(2) フリーキャッシュフローとは何か

　フリーキャッシュフローとは現在の事業活動を維持したうえで経営者が自由に使えるキャッシュフローのことをいいます。フリーキャッシュフローを求めるには営業活動によるキャッシュフローから現在の事業維持のために必要とされるキャッシュフローを控除しなければなりません。営業活動によるキャッシュフローはキャッシュフロー計算書をみればわかります。しかし、現在の事業維持のために必要とされるキャッシュフローがわかりません。投資活動によるキャッシュフローには現在の事業維持のためのものと将来の成長のための投資が混在しています。したがって、外部からはフリーキャッシュフローは測定できません。そこで有利子負債キャッシュフロー倍率で使

うキャッシュフローは、キャッシュフロー計算書の営業活動によるキャッシュフローを使うことにしています。

(3) 有利子負債キャッシュフロー倍率の算定

有利子負債キャッシュフロー倍率は以下の算式で計算します。

$$有利子負債キャッシュフロー倍率 = \frac{有利子負債}{営業活動によるキャッシュフロー}$$

この算式からわかるとおり、有利子負債キャッシュフロー倍率は、営業活動によるキャッシュフローの何年分で、現在の有利子負債を返済できるかを表示しています。有利子負債キャッシュフロー倍率の適正倍率が何倍であるかは、業種や借入金の種類により違いがあり、一概にはいえませんが、10倍を超える状況は明らかに過大だといえます。というのは、営業活動によるキャッシュフローのすべてを返済財源とみなすことだけでも実態に比べ過大であるうえに、それを使って有利子負債を返済するのに10年以上かかるというのは長すぎるからです。

(4) キャッシュフロー計算書のない会社

キャッシュフロー計算書は上場会社は必ず作成しなければなりませんが、それ以外の会社は必ずしも作成義務はありません。そうした会社では正確な営業活動によるキャッシュフローは算出されません。こうしたときでも、返済能力から有利子負債をみるという観点は忘れてはなりません。この場合、営業活動によるキャッシュフローにかわるものとして「当期純利益＋減価償却費」が使われます。「当期純利益＋減価償却費」は営業活動によるキャッシュフローほど厳密なものではありませんが、営業活動によって手元に残るキャッシュの簡便的な算出方法としては有用です。

(5) 静的な見方と動的な見方

有利子負債の適正水準を測る代表的方法は、先に説明した有利子負債依存

度と有利子負債キャッシュフロー倍率です。有利子負債依存度は貸借対照表の総資産と有利子負債とを比較した静的な見方であるのに対し、有利子負債キャッシュフロー倍率は返済能力からみた動的な見方です。企業の実情からみれば、動的な有利子負債キャッシュフロー倍率が有効だと思われます。ただ、ここで使うキャッシュフローは過去の実績としてのキャッシュフローです。返済するのはこれから将来ですから、問題は将来のキャッシュフローです。動的なキャッシュフローは情勢の変化により大きく変わることに注意する必要があります。

　これに対し、静的な有利子負債依存度は実際存在する資産と見比べるのですから、確実性は有利子負債キャッシュフロー倍率より高いといえます。

　静的な見方と動的な見方との長所と短所とをふまえ、有利子負債の適正水準を把握しておかなければなりません。

流 動 性 分 析

〈事例20〉 流動比率

先輩行員：会社が倒産するかどうかは短期的な支払能力にかかっている。短期的支払能力のことを流動性というが、O社（図表2－3－1）の流動性をどのように評価する。

新入行員：流動性を判断するときには、流動比率をみればよいわけですね。流動比率は前期は92.3％でしたが、当期になると164.3％と上昇しました。流動性はかなり改善されたと評価できます。

先輩行員：そうだね。ではなぜ、流動性は改善されたのかな？

新入行員：流動資産はほとんど変わらず、流動負債が大きく減っているからです。短期資金を長期資金に振り替えたことが要因ですね。

先輩行員：そのとおり。こうした資金の安定性を高めるということも銀行の大きな役割といえる。

(1) 流動比率の算定

　会社は約束した債務を支払えないときに倒産します。債務に対して支払財源がどのくらいあるかが重要になります。債務はキャッシュで払うのが普通です。キャッシュの支払可能性を流動性といいます。流動性が高ければ債務

図表 2 − 3 − 1 　O社の貸借対照表

	前期	当期		前期	当期
I　流動資産	2,400	2,300	I　流動負債	2,600	1,400
現金預金	600	600	支払手形	200	200
受取手形	500	500	買掛金	300	300
売掛金	500	700	短期借入金	2,100	900
製品	200	100	II　固定負債	300	1,300
材料	300	200	長期借入金	300	1,300
商品	300	200	〈負債合計〉	〈2,900〉	〈2,700〉
II　固定資産	1,400	1,300	I　株主資本	900	900
建物	400	300	資本金	200	200
土地	1,000	1,000	資本剰余金	400	400
			利益剰余金	300	300
			〈純資産合計〉	〈900〉	〈900〉
〈資産合計〉	〈3,800〉	〈3,600〉	〈負債・純資産合計〉	〈3,800〉	〈3,600〉

支払に余裕があり、低ければ余裕がないことになります。

　流動性を高く保つにはキャッシュを豊富にもてばよいのですが、キャッシュは収益を生みませんから不要に多くもちすぎると収益性を犠牲にすることになります。余分にキャッシュをもつことは利益という点からみれば好ましいことではなく、流動性を適正に保つことが必要になります。その適正性を判断する代表的な指標が流動比率です。

　流動比率とは短期的な支払能力を判断する指標で、以下の算式で計算します。

$$流動比率 = \frac{流動資産}{流動負債} \times 100$$

　流動比率が高いということは、短期に支払わなければならない流動負債に比べて短期に現金化する流動資産が多いのですから、会社の支払能力の高さを示しています。ただ、流動資産の現金化する期日と流動負債の支払期日とは厳密に一致しているわけではありませんので、この流動比率は余裕をもって200%以上あることが望ましいとされます。

(2) 自己資本比率と流動比率

a 自己資本比率

　債権者としては会社の倒産が最もおそれる事態です。会社が倒産するとは「支払います」と約束した債務を支払えない状況をいいます。会社が倒産に至るかどうかを判断する最も重要な指標が自己資本比率と流動比率です（図表2－3－2）。その両者の関係を説明します。債務履行の可能性を貸借対照表全体のバランスからみるマクロの見方が自己資本比率であり、全体ではなく個別の資産・負債の内容を検証するミクロの見方が流動比率です。

　会社の資金調達は債権者から調達する負債と株主から調達する自己資本とで行います。自己資本は返済不要ですが、負債は返済しなければなりません。負債の返済財源は一義的には事業から生まれる収益ですが、収益で返済できなくなると最終的には資産売却に頼ることになります。最終的返済財源である資産に対する自己資本の割合が大きければ、債権者に対する負債の返済に余裕があるということになります。そのため、資産に対する自己資本の割合が会社の安全性を判断する重要な判断材料になります。それが自己資本比率です。自己資本比率は「最終的に資産を売却して返済する」という考え方ですから、時間軸は長く会社倒産後の会社清算まで考えたときの債務返済可能性を表示しているといえます。この見方を安全性分析といいます。

b 流動比率

　自己資本比率は債務返済の可能性を会社トータルの資産、負債、自己資本のバランスで判断しようとするものです。ただ、自己資本比率が徐々に低下し、最終的には債務超過になったところで、それが即倒産になるわけではありません。倒産というのは約束した債務金額を約束した期日に債権者に返済できなくなる状態です。債務の支払はキャッシュで行います。たしかに大きな意味では最終的な債務返済の原資は資産すべてといえますが、短期的にはキャッシュが重要です。資産が負債に比べていくら大きくても（自己資本比率が高くても）、当日に債務支払に充てるキャッシュがなければならないのです。

図表２－３－２　安全性分析と流動性分析

	指標	見方	貸借対照表	時間軸
安全性分析	自己資本比率	マクロ	全体	長期
流動性分析	流動比率	ミクロ	流動部分	短期

　キャッシュが重要だといっても、債務のすべてが現時点で即返済を要求されるわけではありませんので、負債全体に見合うキャッシュを常に保有しなければいけないということではありません。無駄にキャッシュを保有することは資産の有効活用の観点から望ましくありません。債務にはすぐに返済を要求されるものもあれば、何年も先に要求されるものもあります。資産のなかで保有すべきキャッシュは負債（債務）の返済スケジュールに合わせてあればよいのです。キャッシュそのもの及び売掛金や在庫など短期的にキャッシュになるものと、支払手形や買掛金、短期借入金などの短期的に支払が要求されるものとのバランスがとれていなければなりません。それをみる指標が流動比率です。流動比率の時間軸は自己資本比率に比べれば短く、短期的な債務支払の可能性を表現しているといえます。これを流動性分析といいます。

(3)　流動性と収益性の関係

　資金の流動性という点だけからみれば、流動資産が厚い会社ほど優良会社といえます。現金は資産のなかで最も流動性の高い資産ですが、現金を大量にもっていればよい会社かというと、そうとはいえません。なぜなら、現金はそのままでは利益を生まないからです。会社は利益獲得を目的として存在しています。現金を収益性の高い資産に変えながら、利益を極大化していかなければなりません。収益性が重要です（収益性については後述します）。しかし、流動性と収益性とは相反します。

　たとえば、受取手形は支払手段としてすぐに使えますから、キャッシュに近いきわめて流動性の高い資産です。ところが、受取手形は額面以上の収益

は生みませんから、収益性という点からみれば、非常に流動性の低い資産です。一方、製・商品の在庫はいつ、いくらで売れるか確定していない資産です。支払手段として使えるキャッシュになるまでに販売活動を経なければなりませんから、受取手形や売掛金に比べると流動性は低くなります。しかし、販売活動をうまくすれば原価より高く売れ、かなりの利益を稼げる可能性があります。また、原材料在庫になれば販売活動の前に製造活動も経過しなければなりませんから、流動性はもっと落ちます。それだけに製造活動を効率的に行えば、より収益性を高められる可能性もあります。さらに資金を建物や機械等の固定資産として生産に利用すれば、長期的にはその固定資産価額以上の収益をあげることができます。収益性は高くなりますが、その収

図表2－3－3　収益性と流動性

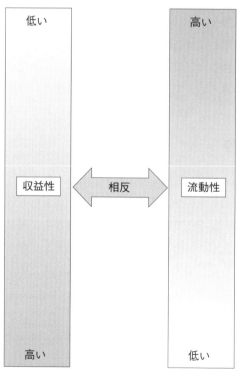

益が支払に使える現金になるまでに長期間を要しますから、流動性が落ちてしまいます。

　貸借対照表は図表２－３－３のように、基本的に流動性の高い順に並んでいます。一方、収益性という観点からみると、順番は逆になります。このように、流動性と収益性とは相反します。企業にとって最適な資産配分は、債務の支払に支障をきたさない程度の流動性を維持しながら、それ以外の資金はできるだけ収益性を高めるような資産構成にすることです。

　ただ、近年は経済全体が低成長になり、収益性の高い資産に資金を振り向けることがむずかしく、現金預金比率の高い会社が増えています（こうした会社を「キャッシュ・リッチな会社」と呼びます）。債権者からすれば、キャッシュが豊富にあれば倒産の懸念が薄れますから喜ばしいことですが、株主からすれば収益性の低いキャッシュを無駄に所有しているということで、株主還元を求める風潮が強くなっています。

〈事例21〉　当座比率

> 先輩行員：今度は先ほどとは少し違っているのだが、Ｐ社（図表２－
> 　　　　　３－４）の流動性はどのように判断するかな？
> 新入行員：流動性といえば、流動比率ですよね。流動比率は前期も当期
> 　　　　　も160％と変わっていませんから、流動性に変化はないといっ
> 　　　　　てもよいのではないですか。
> 先輩行員：ところがそれが大違いなんだ。流動性は流動比率だけでみて
> 　　　　　いると危険だ。流動資産の中身をみると、かなり変わってい
> 　　　　　る。在庫が増えて当座資産が減っている。そこで当座比率を計
> 　　　　　算してみると、前期は106.7％だったものが、当期は53.3％と
> 　　　　　極端に悪化しており、当座比率はかなり危険水域に入ったと判
> 　　　　　断できる。

図表2－3－4　P社の貸借対照表

	前期	当期		前期	当期
I　流動資産	2,400	2,400	I　流動負債	1,500	1,500
現金預金	600	300	支払手形	200	200
受取手形	500	200	買掛金	300	300
売掛金	500	300	短期借入金	1,000	1,000
製品	200	600	II　固定負債	1,400	1,300
材料	300	500	長期借入金	1,400	1,300
商品	300	500	〈負債合計〉	〈2,900〉	〈2,800〉
II　固定資産	1,400	1,300	I　株主資本	900	900
建物	400	300	資本金	200	200
土地	1,000	1,000	資本剰余金	400	400
			利益剰余金	300	300
			〈純資産合計〉	〈900〉	〈900〉
〈資産合計〉	〈3,800〉	〈3,700〉	〈負債・純資産合計〉	〈3,800〉	〈3,700〉

(1)　流動比率の欠点

　流動性の検証のために流動比率が重要であるということは前述しました。たしかに流動比率は流動性の重要指標であることは間違いないのですが、業種や会社によっては流動比率のみで判断することは危険です。流動比率よりもっと短期の支払可能性が重要になることがあります。それを検証する指標が当座比率です。

　流動比率の分子は貸借対照表の流動資産すべてです。流動資産にはさまざまな資産が含まれています。短期的な支払可能性というからには、将来的にはいずれ現金になることが期待されるものでなければなりません。ところが、流動資産には将来的にまったく現金になることが予定されない資産が含まれています。たとえば前払費用や繰延税金資産です。これらは適正な損益計算のために一時的に流動資産に計上されているにすぎず、支払のために活用できる資産ではありません。

　あるいは、将来的には現金になることが期待されても、その期待が不確実

な流動資産があります。棚卸資産、つまり在庫です。棚卸資産に含まれる原材料は工場に投入され、加工されて製品になり、販売され、売上債権となってから現金になります。同様に製・商品も販売活動を通さなければ現金になりません。また、これらの棚卸資産には売れない不良在庫を抱えている可能性もあります。こうした資産も含めて流動比率を計算しても、支払能力の厳密な判定ができないともいえます。そこで登場するのが当座比率です。

(2) 当座比率の算定

当座比率は流動比率の分子を流動資産から当座資産にかえたものです。当座比率は以下の算式で求めます。

$$当座比率 = \frac{当座資産}{流動負債} \times 100$$

当座資産とは現金預金、受取手形、売掛金、有価証券（流動資産に計上されているもの）を指します。ここに掲げた当座資産は流動資産のなかから現金になる確率がより高いものを選び出しています。流動資産と当座資産との最大の違いは棚卸資産が含まれるかどうかにあります。棚卸資産は上で説明したとおりキャッシュ化するのに時間がかかるし不確実性も高いので、当座資産から除かれます。

有価証券は株式や債券ですが、流動資産にある有価証券は基本的に売ろうと思えばすぐに売却でき現金にすることができます。受取手形・売掛金は、得意先が製・商品を購入し代金を支払うことを約束しており、支払金額も支払期日も確定しています。支払期日と入金額が決まっているという点が、棚卸資産との大きな違いです。受取手形・売掛金は得意先が倒産しない限りその期日に必ず現金になります。もちろん得意先が倒産することもありますから100％大丈夫だとはいえませんが、現金にならない危険性は棚卸資産に比べるとかなり低いといえます。

このように当座資産は現金により近い資産ですから、当座比率が100％を上回っていれば、支払能力は安心だと判断できるわけです。

図表2－3－5　流動資産と流動負債

貸借対照表	性　格	貸借対照表	性　格
流動資産	比較的早期にキャッシュ化されることが期待できる資産	流動負債 ・支払手形 ・買掛金 ・未払金 など	短期的に支払わなければならない債務
(1)　当座資産 ・現金預金 ・受取手形 ・売掛金 ・有価証券	早期かつ確実にキャッシュ化されることが期待できる資産		
(2)　その他 ・棚卸資産 ・未収入金 など			

(3)　資金化状況に合わせた資金調達

　資金調達は資産の資金化状況に歩調をそろえておく必要があります。卸・小売業のように、棚卸資産が1年以内に短期的にキャッシュ化するのであれば流動比率をみていれば十分です。しかし、不動産事業や建設事業等における棚卸資産は短期間にキャッシュ化できません。単に棚卸資産が流動資産だからという形式的な理由で、流動比率だけを意識して、資金調達を流動負債の短期借入金で行うというのは正しくありません（図表2－3－5）。自社の棚卸資産の実質的なキャッシュ化状況に合わせ、資金調達方法を選択しなければなりません。

　ここで必要になる指標が後で説明する棚卸資産回転期間です。棚卸資産回転期間は棚卸資産を売上高（平均月商）で除して算出します。棚卸資産回転期間が12を超えるようであれば、資金化するのに1年以上はかかるということですから、資金調達を返済期間1年以内の短期借入金に頼っていては危険

です。そのときは返済期間が1年超の長期借入金が必要になります。

　このように単に資産の形式ではなく、自社の資産のキャッシュ化状況に合わせた資金調達方法の選択をしなければなりません。

〈事例22〉　固定分析

> 新入行員：Q社（図表2-3-6）は製造業で固定資産の比重が大きいのですが、固定資産の資金調達についてはどのような分析が有効でしょうか。
>
> 先輩行員：資金を固定資産に投下すると、資金回収までに長い時間がかかる。そこで、固定資産投資に係る資金調達を返済に余裕のある資金で行っているかをみる必要がある。返済にいちばん余裕のある資金調達は返済不要の自己資本による調達だから、固定資産と自己資本との比率である固定比率をみることが重要だね。

図表2-3-6　Q社の貸借対照表

	前期	当期		前期	当期
Ⅰ　流動資産	3,000	3,500	Ⅰ　流動負債	2,000	2,500
現金預金	500	500	支払手形	500	500
受取手形	1,000	500	買掛金	500	1,000
売掛金	1,000	1,500	短期借入金	1,000	1,000
商品	500	1,000	Ⅱ　固定負債	900	1,700
Ⅱ　固定資産	4,000	5,000	長期借入金	900	1,700
建物	2,000	2,500	〈負債合計〉	〈2,900〉	〈4,200〉
機械	1,000	1,500	Ⅰ　株主資本	4,100	4,300
土地	1,000	1,000	資本金	2,000	2,000
			資本剰余金	1,000	1,000
			利益剰余金	1,100	1,300
			〈純資産合計〉	〈4,100〉	〈4,300〉
〈資産合計〉	〈7,000〉	〈8,500〉	〈負債・純資産合計〉	〈7,000〉	〈8,500〉

新入行員：Ｑ社の固定比率をみると前期は100％を下回っていたのに、当期は100％を超えています。不安が残る状況だと判断してよいのですか？

先輩行員：固定比率から判断すればそうなるが、固定資産の資金調達を自己資本だけで考えるというのは少し保守的にすぎるので、自己資本と固定負債とをあわせて調達状況をみる、固定長期適合率も検証しておいてほしい。

新入行員：固定長期適合率を計算すると、当期でも100％を下回っており、問題ないと判断できます。

　固定資産への資金投下は巨額になりがちで、資金回収にも長期間かかることが多いので、固定資産投資に関する資金調達の分析も重要です。

　流動比率や当座比率は短期的支払能力をみるのに対し、長期的支払可能性をみるのがここで説明する固定比率・固定長期適合率です。流動比率の見方は「短期的な債務を支払うのにキャッシュ化できる資産は十分にあるか」ということであるのに対し、固定比率・固定長期適合率は「キャッシュ化するのに時間がかかる固定資産に投下した資金を、支払までに余裕のある方法で

図表２－３－７　固定資産・固定負債・自己資本の性格

貸借対照表の借方	性　　格	貸借対照表の貸方	性　　格
		固定負債 ・長期借入金 ・社債 など	返済期間が長期間に及ぶ債務
固定資産 ・土地 ・建物 ・機械 など	キャッシュとして回収されるまでに長期間かかる	自己資本 ・資本金 ・資本剰余金 ・利益剰余金	返済不要の資金

調達したか」という視点で貸借対照表をみています（図表2－3－7）。

(1)　固定比率

　固定比率は固定資産に関する資金調達の安定度を測る指標です。固定比率は以下の算式で算出されます。

$$固定比率＝\frac{固定資産}{自己資本}×100$$

　商品などの在庫は短期で売却して資金を回収できますから、その資金を短期借入金などで調達することになんら問題はありません。しかし、土地や建物や機械を購入し工場を建設するために資金投下をする場合、返済資金は土地や建物や機械を売却してつくるわけではありません。工場で製品を製造し、製品を販売して原材料費や人件費などの経費を控除した残額の利益で投下資金を徐々に回収していくのが普通ですから、資金回収までに長期間かかります。もし、固定資産に投下される資金を返済期間1年の短期借入金で賄っていたとしたら、借入金の返済財源は固定資産からの回収では確保できないことになります。固定資産に投下する資金の調達は、投下資金の回収期間に合わせ、できるだけ返済期間の長い資金で調達しておかなければなりません。

　もっとも、返済期間の長い資金は返済不要の自己資本ですから、自己資本の範囲内で固定資産への投下資金を調達できていれば安心です。固定比率は自己資本と固定資産との割合を表しています。固定比率が小さいほど固定資産に比べて自己資本が大きいということになり、資金の安全性は高くなります。固定比率が100％を切っていれば、固定資産のすべてを自己資本で賄えていることになりますから、理想的だといえます。

(2)　固定長期適合率

　自己資本の範囲内だけで固定資産投資を行うのは資金返済という点からみれば健全ですが、企業の拡大という面からみればあまりに保守的な姿勢とい

えます。その考え方に固執しすぎると自己資本の範囲内でしか投資できないことになり、資本蓄積が十分ではない成長企業はせっかくの投資機会を逃すことになりかねません。そこで、資金調達の範囲をもう少し広げて考えたのが固定長期適合率です。固定長期適合率は以下の算式で計算されます。

$$固定長期適合率 = \frac{固定資産}{自己資本 + 固定負債} \times 100$$

　固定長期適合率は固定比率の分母の自己資本に固定負債を加えます。自己資本と長期借入金とを中心とした固定負債で固定資産をどれだけカバーできているかをみるのです。

　固定長期適合率が100％を切っていれば、自己資本と固定負債とで固定資産投資をカバーできていることになりますから、安全だといえます。

　逆に、固定長期適合率が100％を超えると、固定資産のための資金調達が自己資本及び固定負債では足りずに、流動負債にまで食い込んでいることになります。固定資産に対する投下資金を短期借入金で調達しているケースです。これは、短期借入金は形式的に1年以内の期日になっていますが、期日が到来しても銀行が融資を継続してくれるという前提に立った資金調達方法といえます。金利や担保の問題から長期ではなく短期借入金にしているのかもしれませんが、危険な資金調達方法といわざるをえません。会社の収益状況が悪化すると銀行は短期資金の期日返済を要求するかもしれません。あるいは、自分の会社の先行きに自信があるとしても、経済情勢が変わってしまう可能性もあります。好況なときはよいのですが、不況になると銀行の経営状況しだいで短期資金の融資継続がむずかしくなることもあるからです。

　固定長期適合率が100％を超えているということは、前に説明した流動比率は100％を割っていることになります。こうした場合は財務的にも資金的にも不安定な状況ですから、可能であるなら短期借入金を長期借入金にするなどの安定化策を講ずることが望まれます。

第 4 節

回転期間分析

〈事例23〉　回転期間

> 先輩行員：会社が事業を行うことで発生する資産や負債がある。そうし
> 　　　　　た資産や負債の増減は会社の資金繰りや利益に大きな影響をも
> 　　　　　たらす。R社（図表2−4−1、2−4−2）の事業性資産・負
> 　　　　　債が資金繰りに及ぼす影響をどのように判断する？
>
> 新入行員：売上債権回転期間も在庫回転期間も前期から当期にかけて大
> 　　　　　幅に長期化しています。それに対し、買入債務回転期間も長期
> 　　　　　化していますが、売上債権や在庫ほどではないので、運転資金
> 　　　　　が必要になっています。その増加運転資金は手形割引で調達し
> 　　　　　ています。
>
> 先輩行員：そのとおり。売上げが増えて売上債権や在庫が増加すれば、
> 　　　　　増加運転資金が必要になるから、その動向には常に注意をして
> 　　　　　おく必要がある。R社のように増加運転資金が受取手形の割引
> 　　　　　で回っているうちは心配ない。手形割引で足りなくなれば、短
> 　　　　　期借入金による調達が必要になってくる。逆に、売上げが増え
> 　　　　　ると資金が余剰になる会社もある。売上げの増減によって資金
> 　　　　　がどのように変動するか、会社の内容に応じてその動向を把握
> 　　　　　しておく必要がある。ところで、売上債権や在庫が大きく増加

図表2-4-1 R社の貸借対照表

	前期	当期		前期	当期
Ⅰ. 流動資産	3,000	3,500	Ⅰ. 流動負債	4,000	4,500
現金預金	500	500	支払手形	500	500
受取手形	1,000	500	買掛金	1,000	1,500
売掛金	1,000	1,500	短期借入金	2,500	2,500
商品	500	1,000	Ⅱ. 固定負債	2,000	2,000
Ⅱ. 固定資産	4,000	4,000	長期借入金	2,000	2,000
建物	2,000	1,800	〈負債合計〉	〈6,000〉	〈6,500〉
機械	1,000	900	Ⅰ. 株主資本	1,000	1,000
土地	1,000	1,300	資本金	500	500
			資本剰余金	100	100
			利益剰余金	400	400
			〈純資産合計〉	〈1,000〉	〈1,000〉
〈資産合計〉	〈7,000〉	〈7,500〉	〈負債・純資産合計〉	〈7,000〉	〈7,500〉

（注記） 割引手形の残高：前期 0 、当期1,000

図表2-4-2 R社の比較損益計算書

	前期	当期
売上高 （平均月商）	4,800 （400）	6,000 （500）
⋮	⋮	⋮

しているけれど、これについてはどういうところに注意すれば
よいかな。

新入行員：売上債権や在庫回転期間が長くなったときには、不良債権や
不良在庫の動向に気をつけなければならないと思います。

先輩行員：そうだね。回転期間というのはそれほど大きく変わらないも
のだから、変化の大きいときには不良資産を疑うことが必要に
なる。

会社の資金繰りといえば、銀行からの借入金による調達を思い浮かべますが、会社の資金繰りを構成するのは借入ればかりではありません。会社が事業を行うときには、商品や原材料を購入したり、商品やできあがった製品を販売したりします。そのときの支払や入金がいつ行われるかが、会社の資金繰りには大変重要な意味をもつのです。

(1)　債権者と債務者

　会社は商品や原材料を購入し、製・商品を販売して収益をあげています。モノを買ったときには代金を支払わなければなりませんし、売れば代金を受け取ることができます。代金を支払う義務のある人を債務者といい、代金を受け取る権利のある人を債権者といいます。モノを購入したときは、会社は債務者として買掛金や支払手形という買入債務を計上します。逆に仕入先は債権者として売掛金や受取手形という売上債権を保有します。今度は会社がモノを販売したときは得意先に対し、債権者として売上債権を保有し、得意先は債務者として買入債務を計上します。このように会社は債務者としての買入債務と債権者としての売上債権の両面を保有します（図表2－4－3）。

図表2－4－3　債権者と債務者

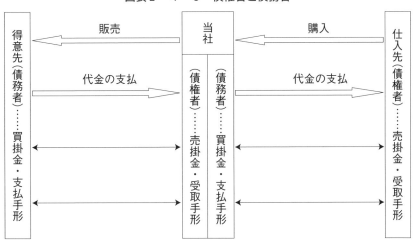

(2) 資金の運用と調達

　事業を行うことによって発生する事業性の資産・負債には、上記の売上債権や買入債務のほかに原材料、製・商品などの在庫があります。これらの事業性の資産・負債は事業遂行に伴い必然的に発生するもので、銀行員としては関与しにくいものとして見過ごされがちですが、売上債権、買入債務、在庫の動向は会社の資金繰りに重大な影響を与えますので、そういう目で事業性資産・負債をみることが必要です。

　受取手形や売掛金などの売上債権は、本来であれば現金で受け取るべきところを相手先に支払を猶予してあげているのですから、一種の資金運用です。在庫も売れば現金になるところを売らずに保有しているのですから、資金運用です。つまり、売上債権や在庫が増えるほど資金運用額が増え、資金が必要になります。逆に支払手形や買掛金などの買入債務は本来現金で支払わなければならないところを待ってもらっているのですから、資金を調達していることになります。つまり、売上債権と在庫との合計額から買入債務を控除したものが必要運転資金になります。

(3) 回転期間の算定

　運転資金を把握するためには以下のように回転期間を算定しておくと便利です。

$$売上債権回転期間 = \frac{受取手形 + 売掛金 + 割引手形}{平均月商}$$

$$在庫回転期間（棚卸資産回転期間）= \frac{棚卸資産}{平均月商}$$

$$買入債務回転期間 = \frac{支払手形 + 買掛金}{平均月商}$$

収支ズレ = 売上債権回転期間 + 在庫回転期間 − 買入債務回転期間

　上記の収支ズレの部分が運転資金を発生させる要因になるものです。「月

商×収支ズレ」が必要運転資金になります。収支ズレがプラスの会社は売上げが増えれば増えるほど資金が必要になります。売上債権や在庫の内容に問題がなければ、売上げが増加することによって必要となる増加運転資金は業容拡大のための前向きな資金の代表的なものであり、銀行としては対応しやすい資金といえます。

逆に売上げが増えれば増えるほど資金が余る業種があります。その代表的業種として、スーパーや百貨店等の小売業があります。小売業は仕入れは支払手形や買掛金で行い、相応の買入債務回転期間がありますが、売上げは現金決済がほとんどですから、売上債権回転期間はほとんどありません。したがって、収支ズレがマイナスになり、売上げが伸びれば伸びるほど、資金は余剰になる傾向があるのです。

(4) 流動資産の回転期間

回転期間で注視しなければならないのは、売上債権や在庫などの流動資産の回転期間です。回転期間は通常、取引条件が変わらなければ変わりません。回転期間が変化したときは会社の経営が変化している兆候を示唆している可能性があります。

回転期間が長期化しているときは要注意です。売掛金などの売上債権回転期間が長期化しているときは子会社や関連取引先などへの押しつけ販売の可能性があります。期末に業績を無理にあげるために売上げをつくるのです。その結果、期末の売掛金が不自然に増加します。先方は不要なものを購入しているのですから、翌期になると買い戻す必要があります。したがって、来期も同様に売上げをつくるために同様の操作をさらにスケールアップして行うことになり、期末の売掛金が累増します。これは後で述べる粉飾決算の典型的な手口の一つであり、回転期間を注視することは、これを見破る重要な手法なのです。

また、不良債権の増加に伴い、売上債権回転期間が長期化することもあります。受取手形や売掛金の期日に現金が入金されなければならないのに、得

意先の業況が思わしくなく、入金されず期日が延長しているケースです。本来であれば回収不能の売上債権は損失処理を行い、貸借対照表の資産から落とさなければなりません。つまり、売上債権に価値のない資産が載っているわけです。この場合は、売上げは伸びずに売上債権だけは増加し、売上債権回転期間が長期化することになります。

棚卸資産回転期間の長期化にも注意が必要です。これは不良在庫発生の兆候を示していることがあります。もう使えない原材料や、流行遅れの製・商品の存在です。こうした原材料、製・商品なども本来損失処理をして、資産から除去しなければいけません。その損失処理を行っていないわけです。

さらに問題なのは架空在庫です。期末の製・商品を架空に計上することにより、売上原価を圧縮し、利益を計上するケースです。これは相当悪質な粉飾決算です。

このように回転期間の推移は重要な経営上の異変を示していることがありますので、常に注意を怠らないようにしてください。

第 5 節

収 益 性 分 析

〈事例24〉　売上高利益率

先輩行員：Ｓ社（図表２－５－１）の収益性の推移をどのように判断す
　　　　　るかな？

新入行員：収益性とは利益をあげる効率性のことですよね。損益計算書
　　　　　から収益性を判断するには売上高利益率をみればよいと思うの
　　　　　ですが、利益にもいろいろな利益の種類があるので、どの利益
　　　　　率で判断したらよいのかよくわかりません。

先輩行員：各段階の利益にはそれぞれ意味があるので、その利益の内容
　　　　　をしっかりつかんで判断する必要がある。総括すると次のよう
　　　　　になる。売上高営業利益率は低下しているので、本業の収益力
　　　　　は低下している。しかし、売上高経常利益率は上昇しているの
　　　　　で、財務体質は向上している。最終の売上高当期純利益率は上
　　　　　昇しており、株主に対する責任は果たしているといえる。

(1)　売上高利益率の特徴

　収益性の判断指標として代表的なものに売上高利益率があります。売上高
利益率は、利益を売上高で除して計算します。

図表2－5－1　S社の損益計算書

	前期	当期
売上高	9,400	9,600
売上原価	5,800	6,100
売上総利益	3,600	3,500
〈売上高総利益率〉	〈38.3%〉	〈36.5%〉
販売費及び一般管理費	2,000	2,100
営業利益	1,600	1,400
〈売上高営業利益率〉	〈17.0%〉	〈14.6%〉
営業外収益	200	300
営業外費用	500	300
（うち支払利息）	（300）	（200）
経常利益	1,300	1,400
〈売上高経常利益率〉	〈13.8%〉	〈14.6%〉
特別利益	200	300
特別損失	500	200
税引前当期純利益	1,000	1,500
法人税等	400	600
当期純利益	600	900
〈売上高当期純利益率〉	〈6.4%〉	〈9.4%〉

　数ある利益率指標のなかで売上高利益率がよく使われるのは、単純でわかりやすいからです。後で説明するROEやROAは損益計算書と貸借対照表との二つが必要ですが、売上高利益率は損益計算書さえあればよいのですから、数値が簡単に計算できます。シンプルですから他社との比較も行いやすいという利点もあります。また、シンプルであることから目標指標として会社外部に対してだけでなく、会社内部の管理指標としても有用です。

　売上高利益率は同業者間比較の指標としては非常に有効です。同業者であれば売上高と利益との相関関係は同質だからです。しかし、異業種間の比較になるとその有効性は大きく減退します。業界によって、売上高と利益との比率は大きく変わります。そうした限界をふまえたうえで売上高利益率を分析しなければなりません。

(2) さまざまな売上高利益率

売上高利益率は一つではありません。図表2−5−1のように、損益計算書の利益の種類に応じて次のような売上高利益率があります。分析する目的に応じて使い分ける必要があります。

a 売上高総利益率

$$売上高総利益率 = \frac{売上総利益}{売上高} \times 100$$

売上総利益は、売上げから売上げの対象となった製・商品の原価を引いたものですから、商品力や製品力を反映していると考えることができます。売上高総利益率が高いということは会社で取り扱う製・商品そのものの魅力が高いということができます。

b 売上高営業利益率

$$売上高営業利益率 = \frac{営業利益}{売上高} \times 100$$

売上総利益からその販売や管理のための経費を引いたものが営業利益です。売上高営業利益率が高ければ会社の財務体質等を考慮しない純粋な本業の収益力が高いということになります。いわば、会社の核となる実力の利益が十分あるといえます。

c 売上高経常利益率

$$売上高経常利益率 = \frac{経常利益}{売上高} \times 100$$

経常利益とは、本業だけでなく財務も含めて、会社全体が特別の要因がなければ毎期経常的に発生すると予想される利益です。したがって、売上高経常利益率は本業に加え財務体質も含めた会社の通常の実力を示す利益率といえます。

d　売上高当期純利益率

$$売上高当期純利益率 = \frac{当期純利益}{売上高} \times 100$$

　会社が事業年度中にどのくらい儲かったかということは、当期純利益で表現されます。当期純利益は株主に対する責任のある利益ということができます。売上高当期純利益率は売上高に対して会社の最終的な株主に責任ある利益の比率を表示したものになります。

〈事例25〉　ROEとROA

> 先輩行員：T社の収益性の推移を損益計算書だけでなく、貸借対照表も含めて評価するとどうなるだろう（図表2－5－2、2－5－3）。
>
> 新入行員：総資産に対する収益性指標としてのROAは前期の2.9％から当期の3.6％に上昇しているのに対し、自己資本に対する収益性指標としてのROEは前期の20％から当期は16.6％に低下し

図表2－5－2　T社の貸借対照表

	前期	当期		前期	当期
I　流動資産	3,000	1,800	I　流動負債	4,000	2,500
現金預金	2,000	800	短期借入金	2,000	500
その他	1,000	1,000	その他	2,000	2,000
II　固定資産	4,000	3,700	II　固定負債	2,000	1,800
建物	2,000	1,800	〈負債合計〉	〈6,000〉	〈4,300〉
機械	1,000	900	I　株主資本	1,000	1,200
土地	1,000	1,000	資本金	500	500
			資本剰余金	100	100
			利益剰余金	400	600
			〈純資産合計〉	〈1,000〉	〈1,200〉
〈資産合計〉	〈7,000〉	〈5,500〉	〈負債・純資産合計〉	〈7,000〉	〈5,500〉

図表２－５－３　Ｔ社の損益計算書

	前期	当期
売上高 （平均月商）	4,800 （400）	6,000 （500）
⋮	⋮	⋮
当期純利益	200	200

　　　　ています。これはどのように評価すればよいのでしょうか。

先輩行員：収益性は損益計算書だけからではなく、貸借対照表の資産や
　　　　自己資本をベースに用いることにより、より立体的に把握でき
　　　　る。Ｔ社は前期も当期も損益計算書の当期純利益は変わらない
　　　　から、自己資本が増加した分だけROEは低下した。しかし、
　　　　資産をスリム化したことから総資産の効率性であるROAは上
　　　　昇している。会社全体の収益性は向上したが、株主に対する収
　　　　益性は低下したことになる。

　収益性は損益計算書だけではなく、貸借対照表も利用して判断することが
重要です。収益活動のために使用した資源をどれだけ有効に活用できたかを
評価するのです。その代表的指標にROE、ROAがあります。

(1)　ROE─自己資本の収益性─

　債権者と並ぶ資金提供者である株主はROEに着目します。

　株主は契約で元利金の支払が約束されている債権者と違い、元本を失うリ
スクを背負って株式に投資しています。債権者にとっては会社が存続し利息
をとりながら元本を回収することが大前提ですが、株主はある意味で会社が
存続できないときは元本すら失うというリスクもふまえ、そのリスクを補っ
て余りあるリターンを求めて投資しています。株式投資の最大の目的は債権

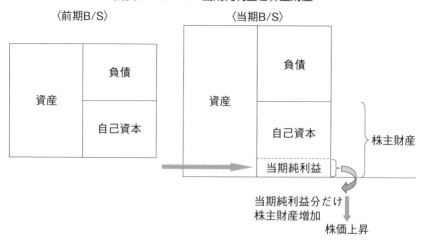

図表2−5−4　当期純利益と株主財産

〈前期B/S〉　　　　　　　　　〈当期B/S〉

者のような確実な元利金の回収ではなく、より大きなリターンです。

　株主は株式購入のために投下した資金の回収を二つのルートから行います。一つは元本の果実である配当です。配当は会社から直接受け取ります。もう一つは元本（取得資金）の回収です。元本の回収は原則として株式を第三者に売却することにより行います。配当金額も株式の売却金額もともに事前に確定していません。この点が契約により利息と元本が確定している債務との最大の相違点です。会社の業績が好調なら高い配当が得られますし、株式も高値で売却できます。逆に、業績が悪ければ配当はありませんし、株式を売却しても安い価格でしか売れません。時には元本割れを起こすこともありますし、場合によっては買手がつかず売却すらできないかもしれません。株式投資のリターンは会社の業績にヴィヴィッドに反映するのです。

　株式の価値は決算書では自己資本として表現されています。株主にとって重要なのは、株主財産である自己資本が株式を取得した時からどれほど増加しているかです。株主が最も興味あるのは自己資本の増加率なのです。自己資本増加の主たる要因は損益計算書で算定される当期純利益です。配当や自己株式の取得などがありますから、決算書上の当期純利益がストレートに自

己資本の増加につながるわけではありません。しかし、配当も自己株式の取得も株主に還元されるものですし、残った内部留保は会社の株主財産を増加させることにより株価を上昇させます。したがって、当期純利益すべてがトータルとしての株主の財産増加につながると考えられます（図表2－5－4）。

つまり、株主にとって注目すべき比率は自己資本に対する当期純利益の割合であるROE（Return On Equity：自己資本利益率）ということになります。債権者としては前述のように自己資本は大きいほど好ましいのですが、株主はROEに注目しますから、その分母である自己資本は小さくてもかまいません。もっといえば、同じ利益なら自己資本が小さいほどROEは高くなるのですから、株主にとって自己資本はマイナスにさえならなければ小さいほどよいという言い方もできます。

$$ROE = \frac{当期純利益}{自己資本} \times 100$$

(2) ROA─会社全体の収益性─

先に述べたようにROEは株主が最も注目する利益指標です。ただROEの分母は自己資本です。ROEは株主財産の収益性を表す指標としては優れていますが、自己資本は自己株式の取得や増資により短期間に大きく変動しますから、会社全体の収益性を判断するには不十分です。それに適した指標がROA（Return On Assets：総資産利益率）です（図表2－5－5）。

図表2－5－5　ROEとROA

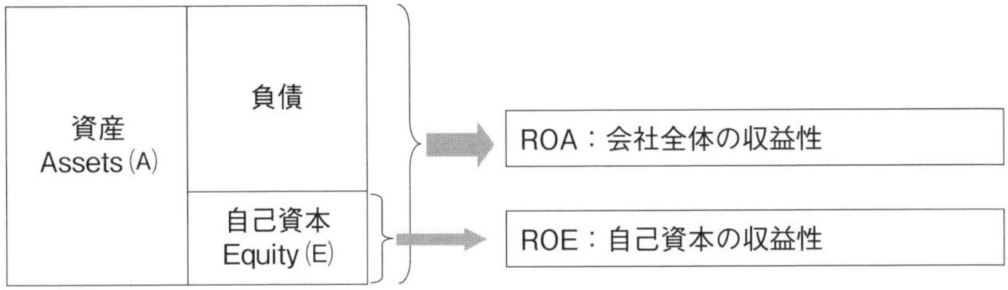

図表２－５－６　ROA

① $\text{ROA} = \dfrac{\text{当期純利益}}{\text{総資産（総資本）}} \times 100$

② $\text{ROA} = \dfrac{\text{当期純利益}}{\text{総資産}} \times 100 = \underset{\text{（売上高利益率）}}{\dfrac{\text{当期純利益}}{\text{売上高}}} \times \underset{\text{（総資産回転率）}}{\dfrac{\text{売上高}}{\text{総資産}}} \times 100$

　ROAは図表２－５－６の①の算式で計算されます。分母の総資産は貸借対照表の左側の資産の合計であり、総資本は右側の負債と資本との合計です。負債は他人資本、資本は自己資本といいますが、それを全部合計して総資本といいます。貸借対照表の左右の合計は一致しますから、総資産と総資本との金額は同じです。分子の利益はその目的により営業利益や経常利益を使用することもありますが、最終的な会社の評価を行う場合は当期純利益を使います。ROEは株主が投下した自己資本に対する利益率をみる指標であるのに対し、ROAは自己資本だけでなく他人資本を含めた会社に投下された全部の資本に対する利益率を判断する指標です。また、貸借対照表の資産の側からいえば、会社の所有する全資産が利益獲得に際し、どの程度効率的に活用できたかをみる指標だということになります。総資産の活用度から利益をみるというのも非常に重要なことです。

　ROAで会社全体の収益性が評価されます。ROAを引き上げるにはどうすればよいでしょうか。ROAを分解すると図表２－５－６の②のように売上高利益率と総資産回転率とに分解できます。ROAを引き上げるためには、売上高利益率、総資産回転率のいずれかを上昇させなければなりません。売上高利益率を向上させるためには、製品の付加価値を向上させるか、経費を削減し利益率をアップさせなければなりません。生産効率の向上が求められます。

　総資産回転率を上昇させるためには、総資産を絞るか売上高を増大させるかしなければなりません。利益率を伴わない売上高の増大は片方の項目の売上高利益率を低下させますから、総資産を圧縮させることが効果的です。高

度経済成長時代の日本の経営は資産が大きいことが優良企業の条件でした。インフレ傾向のなかで、資産が大きければ含み益を生み担保価値も上昇しますから、不要不急の資産でも購入することがありました。しかし、ROA指標を意識すれば、資産は少ないにこしたことはありません。ROAは企業に経営のスリム化を財務指標の面から促しています。

(3) ROEとROA、自己資本比率の関係

ROE、ROAは収益性において重要な指標です。それともう一つ大切な指標に自己資本比率があります。自己資本比率は会社の安全性をみるもので、債権者が最も重視するものです。会社が倒産すれば元も子もありませんから、株主にとってもやはり重要な指標です。経営者はROE、ROA、自己資本比率をできるだけ高くしていくように経営をしていかなければなりません。

ROE、ROA、自己資本比率は図表2－5－7に示した貸借対照表・損益

図表2－5－7　貸借対照表と損益計算書

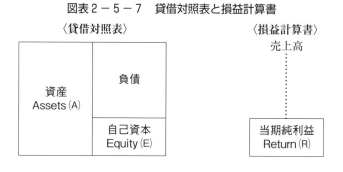

〈貸借対照表〉

| 資産
Assets (A) | 負債 |
| | 自己資本
Equity (E) |

〈損益計算書〉

売上高

当期純利益
Return (R)

図表2－5－8　ROE、ROA、自己資本比率

$$ROE = \frac{(R)}{(E)} \times 100$$

$$ROA = \frac{(R)}{(A)} \times 100$$

$$自己資本比率 = \frac{(E)}{(A)} \times 100$$

計算書の記号を使うと図表2－5－8のように示せます。この3指標は相互に関連していますが、これらの指標を高くするためには、資産(A)と自己資本(E)と当期純利益(R)をどのようにすればよいでしょうか。

当期純利益(R)は分子にしか出てきませんから、(R)を高めることは無条件に効果的です。当然のことですが、(R)を高めればROEもROAも向上します。企業は損益計算書の利益を高めるべく努力し続けなければなりません。製品開発による付加価値の向上や生産や販売の合理化による経費削減で利益率を高める必要があります。

逆に資産(A)は分母にしか出てきませんから、(A)はできるだけ小さくしなければなりません。(A)を小さくすれば、ROAも自己資本比率も向上します。資産が大きいことはいまや何の自慢にもなりません。収益向上に役立たない遊休資産があれば売却すべきですし、使わない余裕資金があれば借入金等の負債を返済し、資産・負債を圧縮する必要があります。これからの会社はできるだけ「もたざる経営」を志向する必要があります。

問題は自己資本(E)です。(E)はROEでは分母に、自己資本比率では分子に出てきます。したがって、(E)を小さくすればROEは向上しますが、自己資本比率は低下してしまいます。かといって、自己資本比率を重視して(E)を過度に大きくすると、ROEが低下してしまいます。つまり、自己資本は小さすぎればむろん困りますが、ただ大きければよいというものでもないのです。収益性指標であるROEと安全性指標である自己資本比率とのバランスをどうとるかの判断が経営に求められるのです。

損益分岐点分析

〈事例26〉 損益分岐点

新入行員：損益分岐点がわかれば、会社の損益状況がより理解できると
　　　　　聞いたのですが、損益分岐点はどのように計算すればよいので
　　　　　すか。

先輩行員：たしかに損益分岐点は有効な分析手法だ。ただ、損益分岐点
　　　　　を計算するには費用を変動費と固定費とに分解する必要がある
　　　　　が、会社外部の人間が決算書だけから費用の分解を正確に行う
　　　　　ことは不可能だ。そこで、一定の前提を置いて損益分岐点の分
　　　　　析を行うことになる。ここでは次の前提でU社（図表2－6－
　　　　　1、2－6－2）の損益分岐点売上高の計算をしてみよう。

　　　・製造原価中の材料費は変動費、労務費は固定費とする。

　　　・製造経費中に980、「販売費及び一般管理費」中に890の変動
　　　　費があるが、その他は固定費である。

　　　・「営業外費用」と「営業外収益」との差額は固定費とみなす。

　　　・仕掛品、製品について、期首、期末の差額は変動費として扱
　　　　う。

新入行員：その前提を使うと、以下のように計算できます。

　　　・変動費：3,200＋980＋890＋（340－370）＋（150－160）＝5,030

図表2－6－1　U社の損益計算書

	前期	当期
売上高	11,500	12,000
売上原価	8,900	9,100
（期首製品棚卸高）	（310）	（340）
（当期製品製造原価）	（8,930）	（9,130）
（期末製品棚卸高）	（340）	（370）
売上総利益	2,600	2,900
販売費及び一般管理費	1,970	2,110
（うち人件費）	（380）	（400）
（うち販売促進費）	（410）	（430）
（うち運送費）	（180）	（200）
（うち広告宣伝費）	（300）	（310）
（うち賃借料）	（120）	（120）
（うち租税公課）	（130）	（140）
（うち試験研究費）	（250）	（290）
（うち減価償却費）	（120）	（140）
（うちその他）	（80）	（80）
営業利益	630	790
営業外収益	40	50
（うち受取利息）	（10）	（10）
営業外費用	150	180
（うち支払利息）	（80）	（90）
経常利益	520	660
特別利益	70	90
特別損失	200	210
税引前当期純利益	390	540
法人税、住民税及び事業税	160	220
当期純利益	230	320

・固定費：$3,650 + (2,290 - 980) + (2,110 - 890) + (180 - 50) = 6,310$

・変動費率：$5,030 \div 12,000 \times 100 = 41.91\% \rightarrow 41.9\%$

・損益分岐点売上高：$6,310 \div (100\% - 41.9\%) = 10,860.5 \rightarrow$

図表２－６－２　Ｕ社の製造原価明細書

	前期	当期
材料費	3,170	3,200
労務費	3,600	3,650
製造経費	2,180	2,290
（うち外注加工費）	(740)	(760)
（うち減価償却費）	(150)	(160)
（うち賃借料）	(210)	(220)
（うち修繕費）	(300)	(310)
（うち電力料）	(140)	(160)
（うち租税公課）	(90)	(90)
（うち試験研究費）	(450)	(470)
（うちその他）	(100)	(120)
期首仕掛品棚卸高	130	150
期末仕掛品棚卸高	150	160
製品製造原価	8,930	9,130

　　　　10,861

先輩行員：損益分岐点は外部の人間が正確に計算することはむずかしい
　　　　が、会社の損益状況を把握するには非常に有効な手法だ。特に
　　　　製造業の場合は、今後の業況を判断するうえで欠かせない考え
　　　　方といえる。

(1)　損益分岐点の考え方

利益は以下の算式で計算されます。

　　売上高 − 費用 ＝ 利益

売上高は「単価×数量」で計算されますから、売上高を伸ばすには単価を
引き上げるか、数量を伸ばすかしかありません。その意味で売上高は簡単な
構造になっています。しかし、費用は売上高ほど単純ではありません。費用
には人件費や材料費や工場の減価償却費などいろいろな性格の費用が混在し

ています。これらの費用を一括して取り扱っていたのでは会社の本当の収益力はつかめません。費用をなんらかの形で分類して分析することが必要になります。最も代表的な分類の方法が固定費と変動費との分類です。

　固定費とは売上高と関係なく発生する費用です。たとえば工場の減価償却費が該当します。工場の機械や建物はいったん投資すれば、売上高が多かろうが少なかろうが、決められた金額の減価償却費を計上しなければなりません。また、正社員の給料も同様です。ところが、製品の製造に使われる原材料は売上高に比例して増加しますから、原材料費は変動費になります。

　費用を売上高の増減に関係なく発生する固定費と売上高に比例して発生する変動費とに分けることができれば、利益を生み出すための最低限の売上高（損益分岐点売上高）がわかります。

　たとえば、固定費が30,000で、変動費率が0.4（1の売上高に対し0.4の費用が比例的に発生する）の会社があったとします。この会社の損益分岐点売上高を求めましょう。固定費を除外して考えれば、変動費率は0.4ですから、1の売上高に対し0.6の利益があがります。0.6の利益で固定費30,000をカバーできる売上高が損益分岐点売上高になります。損益分岐点売上高をXとすると、以下の関係が成立します。

　　30,000＝X×0.6

　この結果、損益分岐点売上高は50,000になります。念のため、売上高50,000のときの利益を計算すると次のように計算できます。当然利益はゼロになります。

　　売上高50,000－（固定費30,000＋変動費50,000×0.4）＝利益0

　ここで、損益分岐点を求める公式を定式化しておきましょう。用語を以下のように定義します。

　　変動費率＝変動費÷売上高

　　限界利益率＝1－変動比率

　損益分岐点売上高は以下の算式で求められることになります。

　　損益分岐点売上高＝固定費÷限界利益率

⑵ 費用の分解手法

損益分岐点を計算するには費用を固定費と変動費とに分けなければなりません。それは口でいうほど簡単ではありません。

まず、基本的なこととして、固定費と変動費とを分けるスパン（期間）の問題があります。減価償却費は典型的な固定費とされますが、観察スパンを数十年という長期にとれば、減価償却費すら変動費ととらえられます。観察スパンを長期にすれば、すべての費用が変動費となります。そこで、固定費と変動費とを分けるスパンは比較的短期だと考えます。短期間（1～2年）では変動しにくいものを固定費と考えます。

また、同じ費用項目でも固定費的なものと変動費的なものとが混在しています。人件費は固定費とされますが、正社員と期間従業員とでは違うでしょうし、同じ正社員でも月例の給与と時間外手当や賞与とでは性格が異なります。

こうした問題点はありますが、細部にこだわっていては前進しませんし、ましてや企業の外部の人間が決算書だけから判断するのですから、ある一定の前提を置いて、費用を分解するしかありません。その分解の仕方に大きく二つの方法があります。

a　総費用法

総費用法は2期の売上高と費用とを比較して、固定費は文字どおり不変という前提で固定費と変動費とを算出するものです。

たとえば、V社の損益計算書が図表2－6－3のようであったとします。

前期から当期にかけて売上高は400増加しているのに対し、総費用は220増加していますから、変動費率は次のように計算できます。

変動費率＝220÷400＝0.55

当期の売上高は2,400ですから、当期の変動費は1,320（＝2,400×0.55）に、固定費は500（＝1,820－1,320）になります。その結果、固定費500、変動費率0.55という結果が導き出されます。ちなみに、この数値を使い前期と

図表２－６－３　Ｖ社の損益計算書

	前期	当期	増減
売上高	2,000	2,400	400
総費用	1,600	1,820	220
利益	400	580	180

当期の利益を計算すると次のようになります。

前期……売上高2,000 −（固定費500 ＋ 変動費2,000×0.55）＝利益400

当期……売上高2,400 −（固定費500 ＋ 変動費2,400×0.55）＝利益580

　総費用法による費用分解は非常に簡単で利用しやすいものですが、この方法は商品の販売価格や変動費率や固定費額に変動がないことを前提としています。経済は激しく変動していますから、前期から当期にかけてこれらの数値が変化しないというのは現実性を欠いているといわざるをえません。ただ、そういう限界をふまえたうえで、大雑把ではあっても、容易に費用の分解ができるという利便性を有しています。

b　個別費用法

　個別費用法は総費用法のように費用をトータルで考えるのではなく、損益計算書の費用項目ごとに、費用の性格に応じて最初から固定費と変動費とに分類しておくものです。外部分析をする場合、多く使われる方法です。個別費用法による費用分類の一例として図表２－６－４を掲載しましたので参考にしてください。

(3)　損益分岐点の利用法

　外部分析のため正確性に問題はありますが、損益分岐点の考え方は有効性の高いものです。損益分岐点がわかれば、会社の収益体質や問題点が把握できます。

a　経営安全率

　経営安全率は以下の算式で求めます。

図表２－６－４　個別費用法による費用の分類

①　製造業

固定費	直接労務費、間接労務費、福利厚生費、減価償却費、賃借料、保険料、修繕費、水道光熱費、旅費、交通費、その他製造経費、販売員給料手当、通信費、支払運賃、荷造費、消耗品費、広告費、宣伝費、交際・接待費、その他販売費、役員給料手当、事務員（管理部門）・販売員給料手当、支払利息、割引料、従業員教育費、租税公課、研究開発費、その他管理費
変動費	直接材料費・買入部品費、外注費、間接材料費、その他直接経費、重油等燃料費、当期製品仕入原価、当期製品棚卸高―期末製品棚卸高、酒税

②　販売業

固定費	販売員給料手当、車両燃料費（卸売業の場合50％）、車両修理費（卸売業の場合50％）、販売員旅費、交通費、通信費、広告宣伝費、その他販売費、役員（店主）給料手当、事務員（管理部門）給料手当、福利厚生費、減価償却費、交際・接待費、土地建物賃借料、保険料（卸売業の場合50％）、修繕費、水道光熱費、支払利息、割引料、租税公課、従業員教育費、その他管理費
変動費	売上原価、支払運賃、支払荷造費、支払保管料、車両燃料費（卸売業の場合のみ50％）、保険料（卸売業の場合のみ50％） 注：小売業の車両燃料費、車両修理費、保険料はすべて固定費

$$経営安全率 = \frac{実際の売上高 - 損益分岐点売上高}{実際の売上高} \times 100$$

　経営安全率は実際の売上高が損益分岐点売上高よりどのくらい高まっているかを示しています。経営安全率が高ければ、損益分岐点に対して余裕があることになりますから、多少の売上減少でも赤字に陥らなくてもすみます。逆に経営安全率が低いと、少しの売上減少で赤字になる可能性がありますから、注意しなければなりません。

b　費用体質の類型

　固定費と変動費とをその大小で分類すると、次のようになります。

(a)　固定費：高い／変動費率：低い

　これは製造業によくあるタイプです。大きな設備投資をすると、減価償却費などの固定費が増大します。したがって、ある程度の売上高がないと固定費を賄えず赤字になる可能性があります。しかし、売上高が損益分岐点を超えれば、変動費率は低いのですから高収益が望めます。大規模設備投資をする場合は売上見込みが重大になります。

(b)　固定費：低い／変動費率：高い

　卸売業によくあるタイプです。固定費が少ないので、最初から利益は出しやすいといえます。ただ、変動費率が高いので売上高が大きく伸びても、大きな利益は望めません。また、低収益体質ですから、商品ロスや大口の貸倒れの発生などにより、赤字になる危険性は高くなります。

(c)　固定費：低い／変動費率：低い

　固定費も変動費も少ない高収益体質の優良企業といえます。経営安全率が高くなりますから、積極的な営業戦略がとれる会社です。

(d)　固定費：高い／変動費率：高い

　低収益の問題会社といえます。赤字から脱却するのは容易ではありません。大胆なリストラ策が必要になるでしょう。

税 務 分 析

〈事例27〉 損益計算書における税金

新入行員：W社の前期は税引前当期純利益は200しかないのに、法人税
　　　　　等が320で当期純利益はマイナス120となっているのに対し、当
　　　　　期になると税引前当期純利益は800もあるのに法人税等が80し
　　　　　かなく、当期純利益が720と大幅に増加しているのは、どうも
　　　　　納得できません（図表2－7－1）。

先輩行員：一見すると不思議な決算だね。この不整合を理解するには会
　　　　　計と税務との違いがわからなければならない。会計上の利益に
　　　　　対して税金を課するならこうした不整合は発生しない。税金は
　　　　　会計上の利益ではなく、税務上の所得に課税される。会計上の
　　　　　利益と税務上の所得とは一致しない。W社の前期と当期とで、
　　　　　利益と所得とが一致しない原因は何だと思う？

新入行員：前期と当期との大きな違いは特別損失の600ですから、前期
　　　　　の特別損失600が原因なのではないですか。

先輩行員：そうみえるね。推測するに前期特別損失に計上した600は税
　　　　　務上損金算入されないため、税務上の所得は税引前当期純利益
　　　　　200に600を加えた800になり、それに実効税率の40％を乗じた
　　　　　320が法人税等になった。一方、当期には前期の特別損失600が

図表２－７－１　Ｗ社の損益計算書

	前期	当期
売上高	8,000	8,000
売上原価	5,000	5,000
売上総利益	3,000	3,000
販売費及び一般管理費	2,000	2,000
営業利益	1,000	1,000
営業外収益	300	300
営業外費用	500	500
経常利益	800	800
特別利益	0	0
特別損失	600	0
税引前当期純利益	200	800
法人税等	320	80
当期純利益	△120	720

税務上損金算入され、当期の税務上の所得は税引前当期純利益の800から600を引いた200になり、それに実効税率40％を乗じた80が法人税等になったと思われる。ただ、これはあくまで推測であり、それを確かめるためには決算書のほかに税務申告書も提出してもらう必要があるね。

(1) 決算書の二つの役割

決算書には二つの役割があります。一つはいうまでもなく、会社の経営成績を株主や債権者といった利害関係者に開示することであり、もう一つは法人税等の税務計算の基礎を提供することです。前者の経営成績の最終結果は「利益」といい、後者の法人税等の税務計算の基礎となる金額を「所得」といいます。法人税等は利益から計算するのではなく、所得に税率を乗じて算出します。利益と所得とがまったく同じ計算によって算出されれば話は簡単で、税引前当期純利益と法人税等のアンバランスは生じません。しかし、利

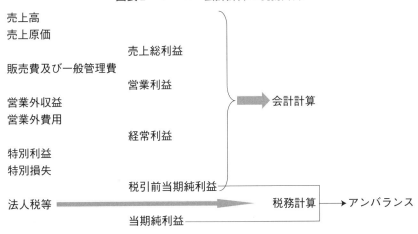

図表２－７－２　会計計算と税務計算

売上高
売上原価
　　　　　　　　　　売上総利益
販売費及び一般管理費
　　　　　　　　　　営業利益
営業外収益
営業外費用
　　　　　　　　　　経常利益
特別利益
特別損失
　　　　　　　　　　税引前当期純利益　　　　　　　　会計計算
法人税等　　　　　　　　　　　　　　　税務計算　　→アンバランス
　　　　　　　　　　当期純利益

益と所得の計算過程は異なります。つまり、図表２－７－２のように税引前
当期純利益までは会計的に算出しますが、法人税等だけは会計ではなく税務
的に計算します。そのために税引前当期純利益と法人税等とのアンバランス
が生じてしまうのです。

(2)　一時差異

　会計上の利益計算と税務上の所得計算とはたしかに同じではないのです
が、かといってまったく違うわけでもありません。というのは税務上の所得
は会計上の利益を基にして計算するからです。税務上の所得は、会計上の利
益をベースに、会計と税務とで算定方法が異なっている部分について修正す
ることにより計算します。

　会計は株主・債権者等の会社をめぐる利害関係者にいまの会社の状態をで
きるだけ正確に伝えることを目的としています。したがって、現状を反映す
る損失や利益の情報をできるだけ早く取り入れようとします。すなわち、実
態的判断が重視されます。一方、税務は国家が税金というキャッシュを徴収
するのですから、税額の確実性や公平性が担保されなければなりません。そ

のためには多少損益の認識は遅くなっても、だれもが納得できる客観性が必要とされます。つまり、内実より形式が優先されます。その結果、税務は会計に比べて損益の認識が遅くなる傾向があります。しかし、時間がたてば内実と形式とは一致しますから、その差異は一時的なものにすぎないわけであり、一時差異と呼ばれます。

こうした一時差異が発生するものはいくつかありますが、ここでは不良債権処理を例に説明します。銀行が貸出をしている取引先が業況不振になったとします。その貸出金をいつ不良債権として処理するかという問題です。会計とすれば実質的に回収不能と判断した時に、不良債権の損失処理をしなければなりません。「実質的に」ということは貸出先の債務超過状態が継続しているとか、利息の支払や元金の返済が遅れがちであるような場合です。こうした場合は実質的に返済不能と判断して不良債権として損失処理をします。

しかし、税務ではそうはいきません。税務では貸出先が債務超過であるとか、元利金が少し延滞したくらいでは貸出金を不良債権として償却することを認めません。税務が償却を認めるのは貸出先で会社更生手続や破産手続が開始されたとか、手形の不渡りが出たとかいうようなはっきりした外形的基準に該当した場合に限られます。

税務上の形式基準には該当しないが実質的に回収不能と判断される場合は、会計上は費用に計上され、税引前当期純利益は減少します。しかし、税務上の所得を計算するときは、税務申告書において費用分は税引前当期純利益に加算し、法人税等も多くなります。したがって、この年度には会計上の利益は少ないのに税額は多くなります。一方、その取引先で会社更生手続が開始されるなどして、税務上貸出金の償却が認められたときは、会計的にはすでに処理ずみですから費用は発生しませんが、税務的には申告書において税引前当期純利益を減算させて税務上だけ所得を減らします。その結果この年度においては会計上の利益は大きいのに税金は少ないということになります。

(3) 永久差異

　先ほどの例は認識の不一致でしたが、会計上の利益と税務上の所得との差異が生ずるもう一つの原因として、租税政策上のものがあります。たとえば、交際費は会計上は全額費用としていますが、税務上は損金の算入が制限されています。したがって、この場合も会計上の利益は少ないのに税金は多くなるという現象が生ずることになります。

　しかし、こうした永久差異は損益の認識時点のズレではありませんので、一時差異のように後になって税額が減少するということはありません。

(4) 税務上の所得と法人税等の算定

　以上の説明を頭に入れたうえで、具体的にどうなるか、簡単な設例（図表2−7−3）で考えてみましょう。

　設例のＸ社では税務上認められない交際費500が販売費及び一般管理費に含まれ、また税務では認められない不良債権処理の償却1,000を特別損失で行っています。法人税の実効税率40％として税額を計算します。税額の計算は税務申告書で行います。会計上の税引前当期純利益は1,000ですが、税務では損金算入が認められない交際費500と不良債権償却1,000とを加算しますから、税務上の所得は2,500になります。この2,500に実効税率40％を掛けると法人税等は1,000になります。税務申告書で計算した法人税等の1,000を損益計算書に記載します。この金額は税引前当期純利益の金額と同じですから、当期純利益はゼロになってしまいます。

　このように会計と税務との計算の違いにより、税引前当期純利益、法人税等、当期純利益がアンバランスな結果になってくるのです。

(5) 利益と税金との不整合

　税引前当期純利益に実効税率を乗じたものがほぼ法人税等の金額に一致している場合には、会計と税務とに大きな差異はなく、問題はありません。し

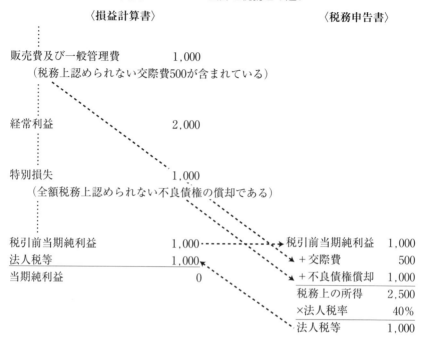

図表2-7-3　会計と税務との違い

〈損益計算書〉　　　　　　　　　　　　　　　　〈税務申告書〉

販売費及び一般管理費	1,000

（税務上認められない交際費500が含まれている）

経常利益	2,000

特別損失	1,000

（全額税務上認められない不良債権の償却である）

税引前当期純利益	1,000		税引前当期純利益	1,000
法人税等	1,000		＋交際費	500
当期純利益	0		＋不良債権償却	1,000
			税務上の所得	2,500
			×法人税率	40%
			法人税等	1,000

かし、税引前当期純利益と法人税等との間に大きな乖離があるときは、その乖離原因を究明しておくことは大切です。

　たとえば、事例27に示したW社の前期の損益計算書のように税引前当期純利益に比べて多額の法人税等を支払っていれば、不良債権処理のような税務上は損金とならない会計上の費用を計上していることになります。これがもっと極端になると、損益計算書では税引前当期純利益で損失を計上しているにもかかわらず税金を払うといった事態もありえます。

　また、逆に当期の税引前純利益は多額にあるのに法人税等はほとんど払わないといったこともあります。これは会計上は費用計上していないのに、税務上だけ損金算入しているからです。実務でこういうことが最も起こりうるのは、前期以前に多額の損失を計上し、その損失が税務上の繰越欠損金と

なっているケースです。繰越欠損金があれば課税所得から控除されますから、その分税金が減少します。繰越欠損金が翌年度以後も残存すれば、来期以後利益が出ても税金はかかりませんから、繰越欠損金の残存金額を把握しておくとよいでしょう。

　こうした会計と税務との不一致の原因を把握しておくことは、会社の実態を知るうえで非常に有効です。上記の例でいえば、税務では損金算入とはならない不良債権を会計的に早期に処理したということは、将来の損失の芽を早めに摘み取ったと解釈できるわけで、会社の財務の健全化という意味ではプラスに評価することができます。また、税務上の繰越欠損金がまだ残っているとしたら、今後数年間は利益をいくら出しても税金をとられないのですから、将来キャッシュフローの視点からは有利だと判断できます。このように会計上の損益を税金という側面から観察しておくことも、重要な財務分析の一手法です。

(6)　決算書と税務申告書

　第1章でも説明したとおり、非上場会社の場合、決算書の正確性の担保のために、原則として税務申告書の別表四、別表一の提出を受けることを心がけてください。ここでは、税務申告書の別表四、別表一が損益計算書と貸借対照表にどのようにリンクしているかを説明します。

　図表2-7-4は損益計算書と税務申告書との関係です。税務申告書の別表四は損益計算書の当期純利益をベースにして、会計と税務との相違点を修正し課税所得を計算するものです。先ほどの図表2-7-3では税引前当期純利益を出発点に課税所得を計算しましたが、実際の別表四では形式上損益計算書の当期純利益が出発点になります（加算項目として損金に算入した法人税等を入れますので、実際の計算ベースは税引前当期純利益と同じになります）。それをベースに会計と税務との違いのある項目を修正していきます。たとえば、会計上は費用だが税務では損金にならない不良債権償却などは加算し、税務上の繰越欠損金があれば減算します。そして、税務上の課税所得を計算

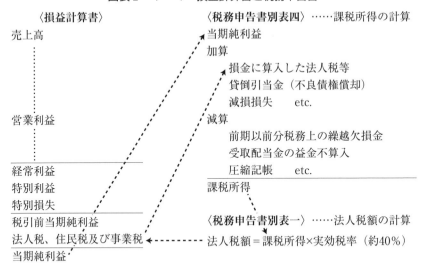

図表2－7－4　損益計算書と税務申告書

〈損益計算書〉

売上高

営業利益

経常利益
特別利益
特別損失
税引前当期純利益
法人税、住民税及び事業税
当期純利益

〈税務申告書別表四〉……課税所得の計算

当期純利益
加算
　損金に算入した法人税等
　貸倒引当金（不良債権償却）
　減損損失　　etc.
減算
　前期以前分税務上の繰越欠損金
　受取配当金の益金不算入
　圧縮記帳　　etc.
課税所得

〈税務申告書別表一〉……法人税額の計算

法人税額＝課税所得×実効税率（約40％）

します。

　次に別表一では別表四で算定した課税所得に法人税率を乗じて、法人税額を計算します。別表一で計算された法人税額に住民税、事業税を合計したものが損益計算書の法人税、住民税及び事業税（法人税等）として計上されます。

　法人税等の支払は決算期末にキャッシュで支払うわけではなく、支払は原則として決算期後2カ月以内です。したがって、決算期時点では未払法人税等として負債に計上されます。しかし、損益計算書の法人税等の金額すべてが未払法人税等になるわけではありません。期中に中間納付（予定納税）をしていれば、その分を控除したものが未払法人税等になります。その関係を示したものが図表2－7－5です。①で中間納付が300あったとします。キャッシュで支払った中間納付については仮払法人税等としていったん資産に計上しておきます。②で決算において当期の納付すべき法人税等が500に確定します。確定した法人税等500は損益計算書の費用に計上し、貸借対照表の負債の未払法人税等に載せるのは法人税等500と中間納付税額300との差

図表２－７－５　中間納付と確定納付

① 中間納付　300　　　　　…（借）仮払法人税等　300　　　　（貸）現金　300
　　　　　　　　　　　　　　　　　（B/S資産）　　　　　　　　　　（B/S資産減少）
② 決算時確定法人税等　500…（借）法人税等　500　　　　（貸）仮払法人税等　300
　　　　　　　　　　　　　　　　　（P/L費用）　　　　　　　　　　（B/S資産減少）
　　　　　　　　　　　　　　　　　　　　　　　　　　　　未払法人税等　200
　　　　　　　　　　　　　　　　　　　　　　　　　　　　　　　（B/S負債）
③ 確定納付　200　　　　　…（借）未払法人税等　200　　　　（貸）現金　200
　　　　　　　　　　　　　　　　　（B/S負債減少）　　　　　　　　（B/S資産減少）

額の200になります。そして、③の法人税等の納付期限に未払法人税等200を
キャッシュで納付することになります。

　ただ、ここで述べた会計処理は最も代表的な処理の仕方について説明して
います。会社によっては処理の仕方や勘定科目の名前が違っているケースが
ありますので、会社ごとに決算書と税務申告書との関係性を確認するように
してください。決算書と税務申告書との関係は重要であり、この点が把握で
きると、決算書がより立体的に理解できるようになります。

連結決算分析

〈事例28〉 連結業績か子会社業績か

> 新入行員：私の担当しているＹ社は、図表２－８－１に掲載した子会社
> 個別決算書にあるように、非常に業績が悪くて、対応に苦慮し
> ていました。ところが、最近、その会社が、ある優良企業に買
> 収され、その会社の連結子会社となりました。Ｙ社単独の業績
> は相変わらず悪いのですが、親会社の連結業績は非常に優良で
> す（図表２－８－２）。こうした場合、子会社業績をみて、融資
> には慎重姿勢を維持すべきか、あるいは親会社の連結業績まで
> みて、融資姿勢を積極に転じてもいいのでしょうか。
>
> 先輩行員：そのような場合、どう判断すべきか悩んでしまうね。実際に
> は親子会社の状況に応じて、ケースバイケースで判断すること
> になる。ただ、基本的考え方としては、どこかの子会社になれ
> ば、親会社が子会社の経営に責任をもつと考えられるので、連
> 結業績を重視して、子会社対応を考えるということになる。た
> だ、気をつけてほしいのは、持分法が適用される関連会社の場
> 合は、親会社が経営責任をもつとはいえないので、連結業績で
> はなく、当該会社単体の業績で判断するということだ。

図表2-8-1　Y社の貸借対照表

		親会社連結	子会社個別			親会社連結	子会社個別
流動資産	現金預金	450	40	流動負債	支払手形	200	100
	受取手形	650	60		買掛金	400	200
	売掛金	850	100		短期借入金	100	500
	有価証券	130			前受収益	10	
	棚卸資産	620	300		未払法人税等	100	
	前払費用	50	60		その他流動負債	100	200
	その他流動資産	100	30				
	貸倒引当金	△70	△10				
	計	2,780	580		計	910	1,000
固定資産	(1)　有形固定資産	730	650	固定負債	長期借入金	100	500
	建物・構築物	350	200		退職給付引当金	500	30
	機械装置	200	150				
	車両運搬具	100	100				
	土地	80	200				
	(2)　無形固定資産	200					
	のれん	200			計	600	530
	(3)　投資その他の資産	100					
	投資有価証券	100					
	計	1,030	650		負債合計	1,510	1,530
				純資産	(1)　株主資本	2,200	△300
					資本金	500	200
					資本剰余金	300	100
					利益剰余金	1,400	△600
					(2)　非支配株主持分	100	
					純資産合計	2,300	△300
	資産合計	3,810	1,230		負債・純資産合計	3,810	1,230

　親会社が連結グループを形成している場合、その個々の会社への融資判断の根拠を個別決算と連結決算のどちらに求めるべきかについて考えてみます。

　親会社に対する融資の場合は明確です。親会社の実態をより正確に表現しているのは、第1章第4節の「連結決算の見方」で説明したように、親会社

図表2－8－2　Y社の損益計算書

	親会社連結	子会社個別
売上高	5,000	1,000
売上原価	3,000	900
売上総利益	2,000	100
販売費及び一般管理費	1,000	200
（のれん償却）	(50)	
営業利益	1,000	△100
営業外収益	200	10
（持分法による投資利益）	(30)	
営業外費用	100	△50
経常利益	1,100	△140
特別利益	50	0
特別損失	150	60
税引前当期純利益	1,000	△200
法人税等	400	0
当期純利益	600	△200
非支配株主に帰属する当期純利益	100	
親会社株主に帰属する当期純利益	500	

個別決算ではなく、連結決算ですから、融資根拠は連結に置きます。問題は子会社と関連会社の場合です。子会社と関連会社の融資に対する基本的考え方は以下のとおりです。

(1)　負債が連結貸借対照表に記載されているか

連結における子会社と関連会社の最大の違いは、その負債が親会社の連結決算の負債として計上されるかどうかにあります。子会社の負債は親会社の連結決算の負債に載りますが、関連会社の負債は載りません。つまり、連結決算は親会社の株主に対する報告ですから、親会社は株主に対し、子会社の負債を自らの負債として認識した、と表明したことになります。

そこで、子会社への融資の判断基準は、子会社に置くのか、あるいは親会社に置くのか、ということです。あくまでも融資する主体は子会社なのです

から、子会社の決算書に判断根拠を置くべきだという意見もあるでしょう。あるいは、親会社が連結決算において子会社の債務は自らの債務だと認めているのだから、子会社を含む連結決算を根拠にすべきだという意見もあるかもしれません。

　法律的には親会社が子会社の債務に対し債務保証をしていない限り、親会社は子会社債務について弁済義務はありません。しかし、会計的に親会社は子会社の債務を自らの債務と同等と認め、連結決算に含めているのですから、少なくとも親会社は子会社に対し、経営責任を負っていると考えられます。この法律上と会計上の認識の違いをどのように考えるべきかという問題です。

　子会社の問題に入る前に、持分法が適用される関連会社の債務について整理しておきます。前述したとおり、関連会社の債務は連結決算の債務には含まれません。したがって、親会社は関連会社の債務に対して、関与していないことを会計的に表明しています。つまり、法律的にも会計的にも、親会社は関連会社の債務に対し義務を負っていません。それにもかかわらず、もし、親会社が関連会社の債務を合理的な説明もなく弁済したりすれば、親会社の株主財産の侵害となり、株主代表訴訟に耐えられないでしょう。ですから、「優良会社の関連会社であるから、最終的には親会社が支援してくれる」というのは幻想にすぎず、融資判断の根拠にはなりません。関連会社は親会社グループの業績とはまったく切り離し、関連会社単体で判断しなければなりません。

(2)　親会社と子会社の業績マトリクス

　さて、ここから本題の子会社に対する融資です。子会社とその親会社の業績を整理すると、図表2－8－3のようなマトリクスで表現できます。連結業績と子会社業績が一致しているケースAとケースDは考える余地がありません。連結も子会社も業績が良ければ、融資可能ですし、ともに悪ければ融資はできません。問題は連結と子会社業績が相反する場合です。

・子会社は優良だが、親会社はボロボロ（ケースB）

　ケースBは連結業績はダメだが、子会社業績はいいというケースです。子会社は優良だが、株式の過半を握る親会社業績が不良である場合、その子会社に融資は可能でしょうか。子会社業績だけみれば融資してもよさそうですが、親会社のことを考えると不安です。

　結論的には融資は不可と考えるべきでしょう。子会社が親会社とまったく自立的に経営できるのであれば、融資可能ですが、それは不可能です。というのは、親会社は子会社を支配しているのですから、親会社は子会社を意のままに操作できます。親会社の業績が悪ければ、子会社の財産を配当によって吸い上げてしまうかもしれませんし、あるいは、ただ高く売れるというだけの理由で、その子会社を素性のあやしい企業やファンドに売却してしまうかもしれません。そのように考えると、子会社の業績がどんなに良くても、親会社が不安な会社への融資は危険だと判断すべきだと思います。

・子会社はボロボロだが、親会社は優良（ケースC）

　今度は逆に子会社の業績はボロボロだが、親会社はピカピカの優良会社だというケースCです。この場合に、子会社への融資は可能でしょうか。つまるところ、親会社の子会社に対する支援を期待して、融資できるだろうか、ということになります。

　親会社は子会社に対する法的支援義務はないにしても、会計的には子会社債務は親会社債務と一体だと表示しているわけですから、親会社は子会社に対し、経営責任を負っていると解釈するのが妥当です。子会社と取引する利害関係者もそういう認識で取引しています。ですから、親会社が子会社に対する支援能力を保有しているのであれば、親会社は子会社を支援するのが普通の親会社の経営判断だと思います。子会社に対する支援能力がある優良の親会社が、法律的な弁済義務の有無だけを根拠に不良子会社を見捨てるというのは、親会社に対する風評をかなり落とすことになりますから、考えにくいと思います。

　したがって、優良な親会社をもつ不振子会社への融資は、親会社からの支

図表2−8−3 親会社と子会社の業績マトリクス

	連結（親会社）業績：良好	連結（親会社）業績：悪い
子会社業績：良好	ケースA	ケースB
子会社業績：悪い	ケースC	ケースD

援を期待して、融資することは可能だと考えられます。

(3) 子会社業績より、連結業績が重要

　実際の融資判断は、出資比率や経営への関与等の違いにより、ケースバイケースですが、一般的にいえば、親会社連結に組み込まれている子会社への融資は、子会社単体ではなく連結業績をより重視すべきだといえそうです。だからこそ、実務では連結業績が重要になるのです。

粉 飾 決 算

〈事例29〉　貸借対照表のあやしい動き

新入行員：前期に比べて当期のＺ社はずいぶん業績が改善しているよう
　　　　　に見受けられるのですが、この業績改善を額面どおりに受け
　　　　　取ってよいのでしょうか（図表2−9−1、2−9−2）。

先輩行員：少しあやしいところがある決算書だ。まず、貸借対照表で前
　　　　　期から当期にかけて、大きく変化している科目に注目しよう。

新入行員：貸借対照表で増加が目立つのは、棚卸資産ですね。それと損
　　　　　益計算書の販売費及び一般管理費が大幅に減少しているのが気
　　　　　になります。

先輩行員：棚卸資産の増加額が大きいことが最も重要な注目点だ。棚卸
　　　　　資産の増加は売上原価を引き下げる。損益計算書をみてごら
　　　　　ん。期末商品棚卸高の増加が売上原価を大きく引き下げてい
　　　　　る。これが当期の収益改善のいちばんの要因だ。もし、この棚
　　　　　卸資産の増加が架空のものだったら、当期の利益も幻想だとい
　　　　　うことになってしまう。棚卸資産の動向には注意が必要だ。ま
　　　　　た、販売費及び一般管理費の減少が損益に貢献した形になって
　　　　　いるが、固定資産の減価償却費を適正に計上しているかの確認

図表２－９－１　Ｚ社の貸借対照表

		前期	当期			前期	当期
流動資産	現金預金	600	630	流動負債	支払手形	400	410
	受取手形	650	690		買掛金	700	720
	売掛金	400	580		短期借入金	500	510
	有価証券	350	350		未払費用	110	120
	棚卸資産	300	670		未払法人税等	10	400
	その他流動資産	150	180		その他流動負債	300	330
	貸倒引当金	△70	△90				
	計	2,380	3,010		計	2,020	2,490
固定資産	建物・構築物	840	980	固定負債	長期借入金	1,100	980
	機械装置	650	770		退職給付引当金	500	530
	車両運搬具	300	420				
	土地	400	400				
	無形固定資産	80	80		計	1,600	1,510
	投資その他の資産	200	200				
	計	2,470	2,850		負債合計	3,620	4,000
				純資産	資本金	600	600
					資本剰余金	300	300
					利益剰余金	330	960
					純資産合計	1,230	1,860
資産合計		4,850	5,860	負債・純資産合計		4,850	5,860

もしておきたい。

(1) 粉飾決算の着眼点

　銀行では取引先から決算書の提出を受け、その決算書が正しいという前提で会社の状況を判断します。決算書は会社の状況を正しく表示しているはずです。しかし、決算書は経営者が自身で作成していますから、自分に有利なようにつくり変えている可能性がないわけではありません。それを粉飾決算

図表2－9－2　Z社の損益計算書

	前期	当期
売上高	5,400	5,800
売上原価	3,910	3,360
（期首商品棚卸高）	（310）	（300）
（当期製品製造原価）	（3,900）	（3,730）
（期末商品棚卸高）	（300）	（670）
売上総利益	1,490	2,440
販売費及び一般管理費	1,600	1,300
営業利益	△110	1,140
営業外収益	40	50
（受取利息）	（10）	（10）
営業外費用	150	180
（支払利息）	（80）	（90）
経常利益	△220	1,010
特別利益	70	90
特別損失	50	70
税引前当期純利益	△200	1,030
法人税、住民税及び事業税	10	400
当期純利益	△210	630

といいます。決算書は会社と利害関係者とを結ぶ最重要な書類であり、株主や債権者は決算書を信頼して資金を提供しているのですから、粉飾決算は許すことのできない行為です。粉飾決算は資本主義社会の根底を揺るがす重大な犯罪行為といえます。

　もちろん、大部分の会社は適正に決算書を作成しているはずです。しかし、業況が悪くなると、粉飾に手を染める事例がなくならないのも事実です。すべての会社の決算書を粉飾決算だという前提でみる必要はありませんが、業績の悪い会社や信頼の置けない経営者の場合には、粉飾が行われている可能性も想定して決算書の分析をすることも必要になります。

　粉飾決算は納税額を圧縮するために利益を過小に表示する、いわゆる「逆粉飾」と呼ばれるものと、利益を過大に虚構する普通の粉飾とがあります。

銀行員にとって重要なのは後者の利益過大表示の粉飾です。

　利益はいうまでもなく〔収益 − 費用 = 利益〕という算式で算出されます。利益を出すためには収益を増やすか費用を抑えるかしかありません。上記算式をみると、収益ないし費用はそれぞれ独立した項目として操作できると思われるかもしれませんが、収益と費用との数値はそれだけで動かすことはできません。なぜなら、収益や費用は複式簿記により記録されているからです。複式簿記で記録されている限り、収益・費用が計上されるときには必ずその裏で資産か負債かが動いています。

　利益が増えれば貸借対照表の純資産が増加します。貸借対照表の借方と貸方とは必ず一致しますから、純資産の増加は資産の増加、あるいは負債の減少として表現されます。粉飾により虚構の利益を仮装すれば、資産科目か負債科目かが実態を伴わない動きをします。粉飾を発見しようとして損益計算書のふくらませられた利益だけをみていても、実効性は期待できません。粉飾のひずみは貸借対照表の尋常でない資産・負債の動きとして露呈します。粉飾の発見には、粉飾により無理に生じた資産・負債の増減科目に焦点を当てることが重要です。

(2)　在庫の粉飾

a　在庫と売上原価の関係

　売上げに関して最も基本となる利益は売上総利益です。売上総利益は売上げから売上原価を引いて算定されますから、売上総利益を計算するためには売上げと売上原価を確定しなければなりません。

　売上げは期間中の売上げを単純に合計するだけであり、特別の計算は不要です。問題は売上原価です。売上原価は期中の仕入高を単純に積み上げただけでは把握できません。なぜなら、在庫があるからです。

　もし、期間中に仕入れたものを全部その期間中に売り切ってしまい、いつの時点でも在庫が残らないとすれば、仕入合計額 = 売上原価になります（図表 2 − 9 − 3 の①）が、そんなことはほとんど不可能です。期首時点なら前

図表２－９－３　在庫と売上原価、売上総利益の関係

① レアケース：期首にも期末にも在庫がない

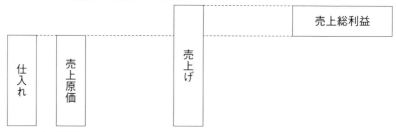

売上原価＝当期仕入高

② 通常の場合：期首にも、期末にも在庫がある

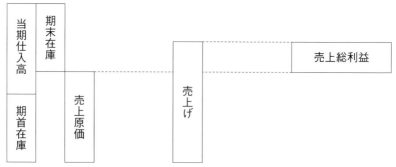

売上原価＝期首在庫＋当期仕入高－期末在庫

期からの売れ残り、期末時点では当期の売れ残りである在庫が必ず存在します（図表２－９－３の②）。

　期首在庫とは、当期が始まる前に倉庫にあった前期以前に仕入れた商品です。それも当期に販売可能な商品に含まれます。当期の売上げは期首在庫と当期に仕入れた商品を合計したものから行われます。もし、期首の在庫と当期の仕入高を当期中に全部売り切ってしまったとしたら、期末の在庫はゼロで、期首在庫と当期仕入高の合計額がそのまま売上原価になります。逆にいえば、期末に在庫が残っているということは、その分は当期中に売れなかったということになります。売れなかったものは売上原価に含めてはいけませんから、当期の売上原価から控除します。その結果、売上原価は次の算式で

図表2－9－4　在庫と売上原価、利益の関係

期末在庫金額大きい→売上原価小さい→利益大きい
期末在庫金額小さい→売上原価大きい→利益小さい

計算されます。

　　売上原価＝期首在庫＋当期仕入高－期末在庫

　したがって、期末在庫が確定してはじめて売上原価が計算でき、その結果として売上総利益が算定されるのです。

　この式からわかるとおり、期末在庫、売上原価、利益の関係は図表2－9－4のように、期末在庫が多ければ売上原価が小さくなり、利益は大きくなります。逆に期末在庫が少なければ、売上原価は大きくなり、今度は利益が小さくなります。このように、期末在庫の金額が利益金額を確定させますから、期末在庫は非常に重要なのです。

　このことを裏返せば、在庫金額を恣意的に操作すれば、利益をつくれるということを示唆しています。在庫を実態より多く算定すれば、売上原価を小さくして、大きな利益を計上できるのです。これが在庫操作による粉飾です。

　図表2－9－5の左側の(A)は、正当な在庫評価をした場合です。正当な在庫評価で、正当な利益が算定されています。これに対して右側(B)においては期末在庫を実際の在庫よりも多く評価しました。すると、水増しした在庫評価分だけ売上原価が圧縮され、その結果、架空の利益がつくれるのです。

　在庫評価の水増しは、粉飾の常套手段です。なぜなら、在庫評価は期末に必ず行わなければならない決算処理であり、しかも比較的操作しやすい項目だからです。

　しかし、期末に在庫評価を水増しすれば、当期の売上原価は圧縮できますが、翌期の期首の在庫が増加して翌期の売上原価の増加要因になります。したがって、翌期も同様の利益を確保しようとすれば、翌期末は当期よりもさ

図表２－９－５　在庫水増しによる粉飾

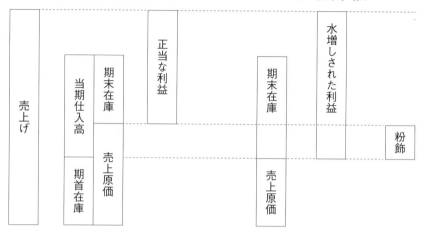

(A)　正当な期末在庫評価

売上げ

当期仕入高
　期末在庫
　期首在庫
　売上原価

正当な利益

(B)　在庫水増し

期末在庫
売上原価

水増しされた利益

粉飾

らにスケールの大きな在庫水増しが必要になってしまいます。その結果、粉飾額は雪だるま式に増加して収拾がつかなくなり、破綻に至るのです。

b　チェックポイント

　在庫の水増しを見破るには、本章第４節で取り上げた回転期間分析が有用です。設例に基づいて考えてみます。

〔前期〕

① 　真正

　以下の図表２－９－６は商品販売業を営むＡ社の損益計算書です。①は前期の実績です。売上げ1,200、売上原価800で、売上総利益は400、販売費及び一般管理費の300を差し引いて100の営業利益がありました。これは粉飾のない正しい決算書です。

〔当期〕

② 　本当は赤字

　ところが、②の翌期になると、売上げが1,000に急減します。売上げが減少すれば、当然、利益を確保するためには、売上原価の削減策を講じなけれ

図表２－９－６　A社の損益計算書及び在庫回転期間

	① 前期 （真正）	② 当期 （真正）	③ 当期 （粉飾）	④ 翌期 （真正）	⑤ 翌期 （粉飾）
売上げ	1,200	1,000	1,000	1,000	1,000
売上原価	800	733	690	700	690
期首在庫	200	200	200	167	210
当期仕入れ	800	700	700	700	700
期末在庫	200	167	210	167	220
売上総利益	400	267	310	300	310
販管費	300	300	300	300	300
営業利益	100	△33	10	0	10
月商	100	83.3	83.3	83.3	83.3
在庫回転期間	2カ月	2カ月	2.5カ月	2カ月	2.6カ月

在庫回転期間＝期末在庫÷平均月商

ばなりません。売上げが減少しているのに、仕入れを従前どおり行っていると、在庫が増加してしまいます。すると、古い在庫が多くなり、不良在庫になる危険性があります。ですから、売上減少傾向のときは、仕入れを抑えて、手持ちの在庫商品から販売するのが普通です。仕入れを売上げとパラレルに減少できればいいのですが、品ぞろえの関係もあり、そうは思いどおりにいくものではありません。そこで、仕入れを100、在庫を33落としました（②）。すると、売上原価が733、売上総利益が267となりました。その結果、営業利益は販売費及び一般管理費の300を下回り、33の赤字となってしまいました。

③　粉飾して黒字に

　そこで、営業赤字の表面化を回避すべく、在庫の水増しによる粉飾を行った場合の損益計算書が③です。本当の在庫は②にあるように167ですが、期末在庫を210に水増ししています。この210というのは営業利益を黒字の10に

するために、逆算して算定されたものです。その結果、売上総利益は310に
なり、販売費及び一般管理費の300を上回り、営業利益は10の黒字になりま
す。

②と③を比べると、営業利益は43増加しています。この43は在庫の水増し
額と一致します。つまり、43の利益は架空在庫により、生み出された利益に
なります。在庫の水増しとは当期の損失を将来に付け回しているのですか
ら、この架空在庫は翌期の利益を圧迫します。

そこで、次に当期の在庫の水増しが翌期にどういう影響を及ぼすかをみて
みましょう。前期の粉飾は翌期の期首在庫につながり、売上原価を増加させ
ますから、翌期の利益の足を引っ張ることになります。

〔翌期〕

④　本当は営業利益ゼロ

④は粉飾をしない真正の損益計算書です。期首の在庫は②の前期末の在庫
を引き継ぎますから167です。仕入れは700で前期と変わりません。期末在庫
は前期水準の167を維持しています。②の当期に比べて翌期（④）は期首在
庫が落ちている分売上原価が圧縮され、売上総利益は300に回復します。そ
の結果営業利益はゼロに戻ります。

⑤　粉飾で在庫の水増しが拡大

ところが、粉飾をしていると事情が変わります。⑤は粉飾した場合の損益
計算書ですが、③の前期の粉飾を引き継ぎます。期首在庫は③の粉飾の期末
在庫と同じですから、210になります。前期の架空在庫分43が実際より翌期
の売上原価を押し上げることになります。実力の営業利益は④のように損益
トントンに回復しているのに、前期の粉飾の尻ぬぐいで、決算書上の翌期の
損益は悪化してしまいます。ここでも営業利益10を粉飾により確保しようと
したとします。すると、逆算で期末在庫は220として計上することになりま
す。

この例でわかるとおり、在庫の水増しで利益を仮装すると、在庫は他の科
目とアンバランスに拡大していきます。それを端的に表現するのが在庫回転

期間です。在庫回転期間は期末在庫を平均月商で割って算出します。売上げと在庫の相関は、何か特別な対策をとらなければ、それほど大きくは変わらないのが普通です。この設例では正しい決算の①、②、④の在庫回転期間は2カ月で安定しています。ところが、粉飾決算である③は2.5カ月、⑤は2.6カ月と長期化しています。

　経営として考えれば、同じ売上げであれば、資金負担をできるだけ軽くするために、在庫は少ないにこしたことはありません。ですから、在庫圧縮に努めるのが普通です。ところが、A社のように、売上減少傾向にあるなかで在庫が増え、在庫回転期間が長期化するのは、異常サインと考えなければなりません。

　在庫の水増しで利益を粉飾しようとすると、決算書上の在庫は拡大し続けます。当初は在庫の粉飾を短期間に抑え、売上げが回復したら正常に戻そうと考えていたとしても、そう簡単に業績が回復しないのが通常です。かえって、業績が悪化するのが普通です。すると、在庫の水増しも雪だるま式にふくれ上がって収拾がつかなくなり、破綻に至ります。

　このように、在庫動向は決算分析の最重要チェックポイントです。

(3)　固定資産（減価償却費）の粉飾

a　減価償却費の過少計上

　減価償却費はキャッシュ流出を伴わない見積もりの費用です。キャッシュ流出と無関係ですから、見積もり方法さえ変えれば減価償却費の金額を操作することは可能です。従来、定率法で行っていた減価償却費計算を定額法に変更することで、減価償却費を減少させられるかもしれませんし、極端なことをいえば減価償却費をまったく計上しないという選択肢もないではありません。減価償却費が減れば、費用が減るのですから、利益を増加させること（あるいは、損失を減少させること）が可能です。どうした場合にこうしたことが起こるのか、減価償却費の本質に沿って考えてみましょう。ここでは、減価償却の会計的側面と税務的側面の二つの効果に注目します。

① 会計的効果

固定資産は収益向上のために使用します。その際、損益計算書において収益獲得のために使用した固定資産の費消金額を、貸借対照表において使用に伴い価値が減少した固定資産の評価額を、適正に表示しなければなりません。しかし、固定資産はその収益貢献が多年度にわたるため、決算書の適正な表示のために特殊な見積もりが必要になります。その見積もり方法が減価償却になります。減価償却は財務諸表の適正表示のための手法です。

固定資産はその取得段階で、キャッシュはすでに流出ずみであり、減価償却費を計上するときにはキャッシュ流出はありません。減価償却では費用計上時期とキャッシュ流出時期が遮断されているので、減価償却費の計算には一定の前提が必要になります。それが、定額法、定率法といった償却方法や耐用年数の選択につながります。

そうした前提条件の選択の仕方しだいで、減価償却費の金額は変わります。減価償却費の金額が変われば、損益計算書上の利益も変動します。これを逆からいえば、減価償却費を恣意的に操作することにより、利益を動かすことができるということになります。

一方、銀行からすると決算書では会社の実態をできるだけ正しく表示してもらわなければなりません。減価償却を恣意的に操作されると、損益計算書の利益だけではなく、貸借対照表の固定資産の価格も正しいものにはなりません。このため減価償却費は固定資産の実態に即して計算することが強く求められます。

ただ、固定資産の減価（価値の減少）を適正に見積もることは容易ではないことから、実務では経営者の恣意的操作を避ける意味で、減価償却方法は当初決めたものをみだりに変更せず、よほどのことがない限り、継続して適用することが定められています（企業会計原則一般原則5「継続性の原則」）。

② 税務的効果

減価償却費はキャッシュ流出を伴いませんから、減価償却費をいくら計上しようが、決算書上の利益が変わるだけで、企業実態は同じです。減価償却

費を大きくすれば帳簿上の利益が減少し、少なければ利益が増加するにすぎず、企業実態にはまったく影響がありません。しかし、減価償却費は間接的にキャッシュの変動を導きます。それは税金があるからです。税金というキャッシュの変動を通じて企業実態に影響を与えます。

　減価償却費は税務においても費用（税務上は損金といいます）として認められます。減価償却費を大きく計上して利益（税務では所得）を抑えれば、税金を少なくできますし、減価償却費を少なくして利益を大きくすると納める税金が多くなります。会計的には減価償却費を多くしても利益が減るだけですが、税務的には減価償却費が多ければ税金のキャッシュアウトが抑えられるというメリットがあるのです。

　企業経営の大きな目的はキャッシュフローの最大化です。税金は重要なキャッシュアウト項目ですから、それを極小化することは経営の本筋です。そのため、減価償却費では税制の規定がきわめて重要な役割をもちます。税制では各固定資産について減価償却費として損金算入できる上限を決めています。したがって、多くの会社は税制上の損金算入限度額まで減価償却費を計上するのが普通です。

b　チェックポイント

　減価償却費は会計的には費用を大きくし、利益を減らすというデメリット（正確な利益計上ですから、デメリットと呼ぶのはやや戸惑いがありますが、次の税務メリットとの対比上デメリットと表現します）をもたらしますが、税務的には納税額を減らすというメリットがあります。このメリットとデメリットを比べた場合、たいていの会社は税額減少というメリットを重視しますから、減価償却費は税額限度目一杯計上することが合理的な選択になります。

　ところが、減価償却前の所得が赤字の会社は減価償却費を計上したところで、会計上の赤字幅が拡大するだけで、節税メリットが生じません。つまり、赤字会社は減価償却の最大のメリットである税金の節減という恩典を受けられないにもかかわらず、会計上の利益減少（損失拡大）というデメリットだけを享受することになります。そのため、赤字あるいは損益ラインすれ

すれの会社は減価償却費をできるだけ抑えたいという誘因にかられ、減価償却費の計算を不正に操作する危険性があります。

このため、減価償却では税務規定が重要です。減価償却費の計上においては税務限度額まで償却をしているか確認すること、そして特に業績の悪い会社の減価償却費の計上には注意することが必要です。

(4) キャッシュフローに注目

粉飾決算の発見は決して簡単ではありません。損益計算書、貸借対照表をみているだけでは不正を発見するのはむずかしいでしょう。しかし、利益は偽装できても、キャッシュは嘘をつきません。決算書で利益は出すが資金繰りは忙しいという会社は、何かおかしいと疑いをもつべきです。その意味でキャッシュフロー計算書等の資金分析を確実に行うことが粉飾発見の第一歩といえるでしょう。

事項索引

〈筆者略歴〉

井口　秀昭（いぐち　ひであき）

公認会計士
1956年長野県生まれ。1980年東京大学経済学部卒業。農林中央金庫、八十二銀行に勤務し、主として企業融資を担当。在職中に税理士試験、不動産鑑定士2次試験、公認会計士試験に合格。2011年よりあがたグローバル税理士法人所属。著書に『図解　決算書「超」読解法』（東洋経済新報社）、『みるみる身につく決算書完全攻略ノート』（角川SSC）、『「会社四季報」で学ぶ株式投資のための会計入門』（東洋経済新報社）など。

事例に学ぶ　決算分析の勘所【第2版】
―法人取引担当者のための決算書読解・資金分析術―

2021年6月22日　第1刷発行
（2009年5月8日　初版発行）

著　者　井　口　秀　昭
発行者　加　藤　一　浩

〒160-8520　東京都新宿区南元町19
発　行　所　一般社団法人　金融財政事情研究会
企画・制作・販売　株式会社きんざい
出版部　TEL 03（3355）2251　FAX 03（3357）7416
販売受付　TEL 03（3358）2891　FAX 03（3358）0037
URL https://www.kinzai.jp/

校正：株式会社友人社／印刷：株式会社日本制作センター

ISBN978-4-322-13958-7